sankara way

スモールラグジュアリーホテルの
“かくれた秘密”

sankara HOTEL & SPa 屋久島

オータパブリケイションズ

目次

はじめに

樹齢数千年の屋久杉が魅力的な鹿児島県「屋久島」は、幻想的な苔むす森が広がる世界自然遺産の島です。屋久杉の森を散策できるコース、2000m級のユニークな景観を楽しめる山登りなど、多彩なコースで屋久島の大自然を満喫できます。ヤクザルやウミガメなど希少な野生生物に出会い、亜熱帯から亜寒帯の多様な植物を観察して、サイクリング、ドライブ等のアクティビティーなど、心躍る旅を体験できるのが屋久島です。

そんな世界自然遺産の島、屋久島には全29部屋からなるスモールラグジュアリーホテルの sankara hotel & spa 屋久島（以下サンカラ）があります。オーナーは、大阪に本社を構え、ホテル・レストラン事業をはじめとした10の事業展開を行なっている平川商事（株）です。なぜ、このホテルは、心あたたまる多くのストーリーを顧客に提供し、絶大な人気を誇るのだろうという素朴な疑問から、経営の方法や独自の運営方法を一つ一つひも解いてみたくなりました。俗に言う、サンカラリゾートの「トリセツ」です。

サンスクリット語で天からの恵みを意味する〝sankara〟があなたの心の中にしみわたり、少しでも興味を持っていただければ、それにまさる喜びはありません。

2019年11月12日

屋久島にて　(株)オータパブリケイションズ　林田研二

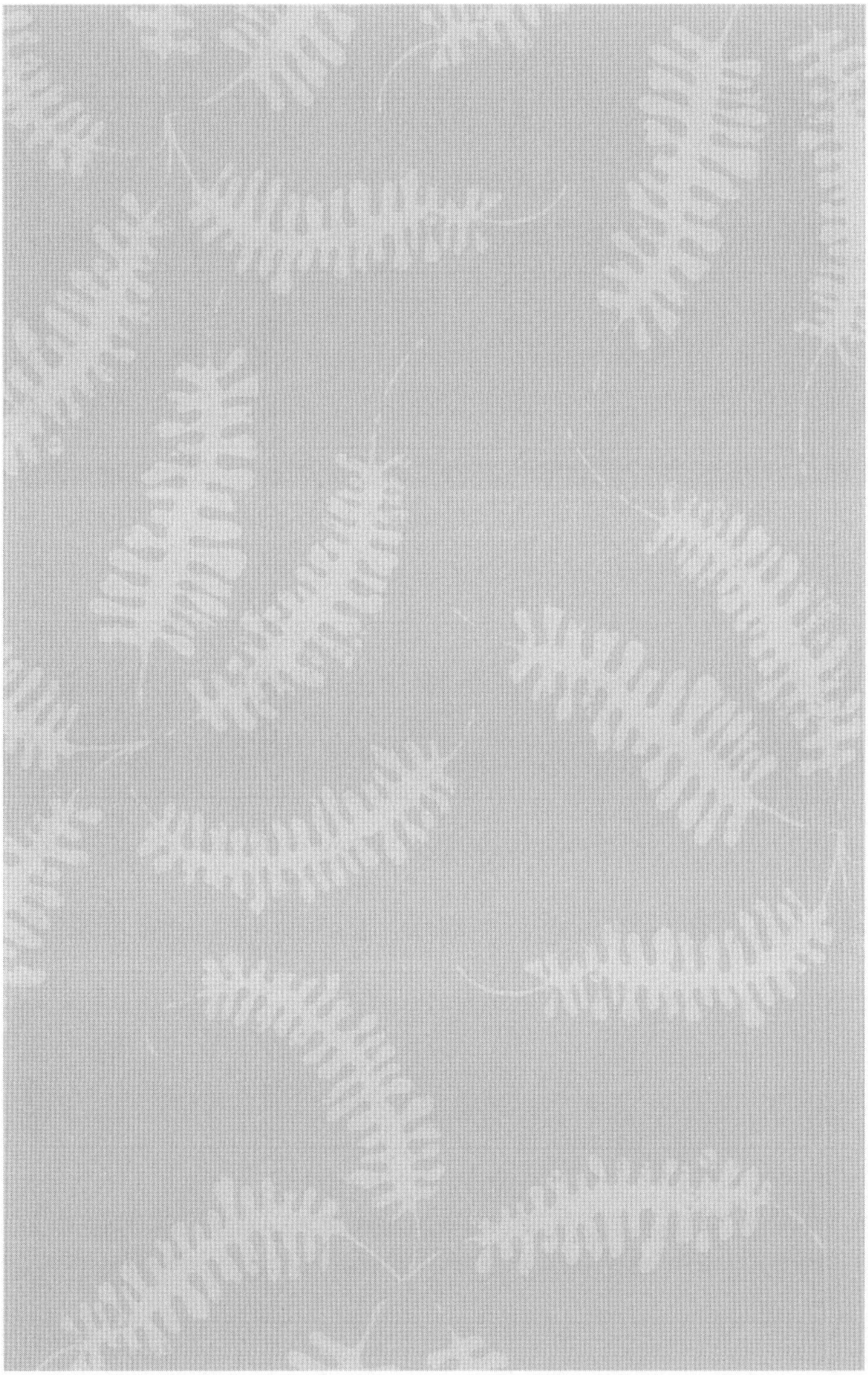

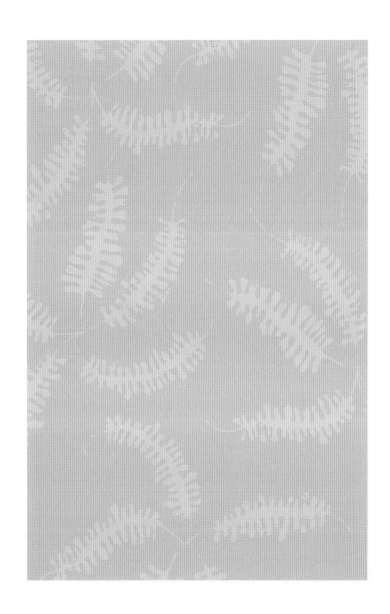

第1章
平川商事グループ
〜 豊かさを創造する企業へ〜

1

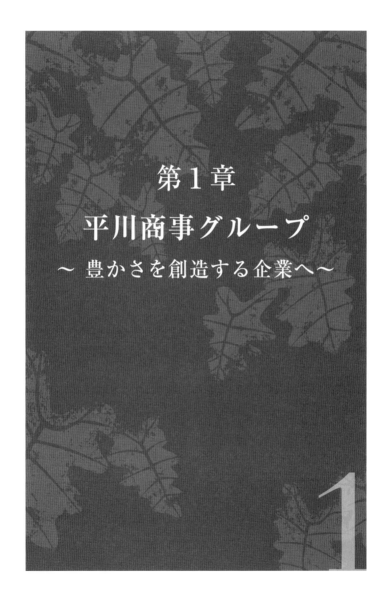

10周年を迎えたsankara hotel&spa 屋久島
スモールラグジュアリーホテルの最高級ブランドとして次の10年を目指す

平川商事株式会社
代表取締役社長　**平川　晴基氏**

「豊かさを創造する企業へ」を企業使命として、フロンティアスピリットを根幹に事業の多角化を進め、成長し続ける平川商事（株）。その歴史は、新規事業への挑戦の連続であったと言えます。今や中核事業に位置づけられるホテル・レスト

Message from Ceo

ラン事業では３つの宿泊施設と６つのレストランを運営しています。ホテル・レストラン事業のミッション、サンカラの位置付けと今後の展開などを代表取締役社長の平川 晴基氏にお聞きしました。

多角的に事業を展開。景況に左右されにくい企業体質を作り上げる

――平川商事の概要をお聞かせください。

平川商事は、１９５７年に私の父が大阪府柏原市に創業しました。当時、父は鉄鋼原材料の加工業を営んでおりましたが、景況に左右されやすい事業であったため、リスクヘッジを目的として、不動産事業に参入しました。まずは、大阪の中東部に位置し、当社本社とも近い八尾・柏原エリアで戸建事業を開始しました。

土地を仕入れて家屋付きで販売し、その利益で新たな土地を購入するというビジネスモデルです。高度経済成長時代でしたから、事業のパイは大幅に拡大しました。ただ、優良な資産として保有し続けるものがありませんでした。

その状況下、盛況だったのがパチンコ業界でした。それで、パチンコ店を開業することにしたんです。こちらも八尾エリアとその近隣エリアを中心に短期間で複数店舗を開業しました。当時はいろいろな屋号でパチンコ店を営業していたのですが、偶然本社向かいのボウリング場のオーナーから『ボウリング場を売却したい』と相談があり、当社が引き受けたのです。それをきっかけに、地域では有名だったそのボウリング場の屋号『ARROW』を継承して、パチンコ店の屋号を

Message from Ceo

『ARROW』に統一しました。それが当社パチンコ事業の本格スタートと言えます。

ただ、競合店もたくさん進出してきます。そうなると、店舗を管理する能力や営業能力が問われ始めました。そんな中、当時、大学生であった私も父の事業を手伝うことにしたのです。

現在、当社はホテル・レストラン事業、ゴルフ事業、アパレル事業、インテリア事業、パチンコ事業、アミューズメント事業、不動産事業、和牛畜産事業、クリーンエネルギー事業、フィットネス事業など、多角的に事業展開しています。時と共に変化する社会環境に順応し、また時代のニーズに応え続け、既存事業の進化成長と共に『(社会に)豊かさを創造する』企業使命を実現する。そのために私たちはフロンティアスピリットの元、新たなジャンルにチャレンジしていかなければならないと思っています。

ホテル・レストラン事業を通じて現代を生きる人々の心の豊かさを創造

――ホテル・レストラン事業に進出された経緯と事業内容を教えてください。

1987年に温浴レジャー施設『奈良健康ランド』をオープンしました。その翌年、同一敷地内に宿泊施設『奈良プラザホテル』を開業しました。スモールラグジュアリーホテル『sankara hotel&spa 屋久島』を開業したのは2010年。スモールラグジュアリーホテルの運営は初めての試みでした。

以後、11年にアメリカニューヨークで『castle hotel&spa NY』を取得、開業したほか、レストラン部門では2007年にフランス料理店『la Maison de GRASIANI 神戸北野』を開業し、今では6店舗を運営しています。

Message from Ceo

——ホテル・レストラン事業部のミッションをお聞かせください。

それぞれのホテル、レストランの開業にあたり、最初に考えたのは、『豊かさとは何か』ということでした。それを念頭に置き、現代を生きる人々の心の豊かさを創造できるような事業・店舗にすることをコンセプトとし、運営してきました。これから先、日本の観光・旅行産業はさらに成長すると信じています。その中で私たちはこの事業を通じて、訪れる人々の心の豊かさを創造し続けていきたいと考えています。

——サンカラに着手されたきっかけは何だったのですか。

当社は、大阪市内なんばエリアに自社ビルを所有しています。大阪メトロ御堂筋線なんば駅出口直結

の絶好のロケーションにある当該地を取得したときに、どのようなビルを建て、どのような事業を展開するか思考錯誤している中で、友人のご縁でホテル事業に精通した人材を当社に迎え入れたのです。結局、当該地では広さが不十分なこともあって、ここでのホテル開業は断念しましたが、新たな仲間となった彼らと共に夢のある仕事をしたいと思っていたところに、屋久島の案件が出てきたわけです。

屋久島との縁は、私が41歳の厄年を迎えた時の厄落としで現地を旅行したことに始まります。当時宿泊したホテルが今の sankara hotel&spa 屋久島の前身となるホテルだったのですが、前身のオーナーと私の知人が面識があり、そこで宿泊しました。売却の話を聞いたのは、その数年後でした。屋久島は世界自然遺産に登録されて以来、多くの脚光を浴びています。屋久島はとても神秘的で、豊かで美しい自然が残されています。島の90%が森林ですが、そこで自生する植物も温帯最下部のほぼ亜熱帯に属する地域にありながら、島の中央、宮之浦岳（1936m）をはじめ2000m近い山々があるため亜熱帯から亜寒帯に及ぶ多様な植物相が確認されているのです。

サンスクリット語で『天からの恵み』＝sankaraという意味です。天からの恵みいっぱいのこの地において、sankaraを表現するホテルを実現させたいという思いから、取得を決めました。

サンカラは、事業部門のフラッグシップ的な位置付け

――サンカラの位置付け、果たすべき役割は何ですか。

当社のホテル・レストラン事業のフラッグシップ的な位置づけにあります。ス

㈱オータパブリケイションズ
代表取締役社長　太田進

モールラグジュアリーホテルの最高級ブランドとして既に次の10年を目指しており、当社内の調理技術、接客能力、ホスピタリティマインドの向上を目指す上で、もっとも重要な施設であると言えます。

――sankara hotel&spa 屋久島の現況を教えてください。

2018年はOCC（客室稼働率）が55％、ADR（平均客室単価）は6万3000円でした。最近は、ADRは約6万5000円前後で推移しています。今後は世界自然遺産をさらに前面に打ち出し、訪日外国人旅行者の集客を加速させていきたいと考えており、ADR7～8万円を獲得できるよう努めたいと思います。

Message from Ceo

——sankara hotel&spa 屋久島では独自の運営方法があるとお聞きしました。

ブランド力もあって単価も高いホテルの総支配人は、キャラクターで支持されます。でも私たちは仕組みでやっていかないといけません。大事なことは人手の問題です。いかに早く人材を育てるかが鍵です。そのために4年前から新入社員が早期に業務を習得するためにマニュアルを作成し、スタッフに徹底させています。また、お客さまに安心感を持って頂ける様にするためにも、スタッフはすべての職場を理解してもらうようにしています。バトラーがお客さまのあらゆるご要望にお応えするのもsankara hotel&spa 屋久島の特徴です。自社でレンタカーを所有しているので、バトラーはお客さまを誘って島の散策に出かけたり、トレッキングを希望されるお客さまにはガイド資格を持つホテルスタッフが同行させて頂きます。風光明媚なところで彼らがもてなす『サンカラカレーやコーヒー』は『とても美味しい』と好評を得ています。お客さまが屋久島との共存を楽しんでくれていますが、平均すると日本人のお客さまは2泊、欧米のお客さまはもう少し長く滞在される傾向にあります。

――人材育成についてお聞きします。望む社員像がありますか。

全社員に経営者意識を持ってもらいたいと考えています。仕事を楽しみ、仕事で成長して欲しい。人生の多くの時間を費やす仕事と共に幸せを実現して欲しいと思います。

自ら情報収集し、自ら考え、行動し、経験から学び、自己成長できる人になってもらいたいと思います。

――採用はどうしていますか。

sankara hotel&spa 屋久島の開業当初は、外部からホテル・レストラン経験者を採用し、また社内からの異動も含めてチームを構成しました。その後は、新卒学生を積極的に採用・育成し、今では20代後半から30代前半の彼ら・彼女らがコアメンバーとして活躍してくれています。サンカラの事業が落ち着いたのは、開業から5年目くらいでした。新卒採用社員が戦力化してくれたおかげです。

――離職する社員もいますか。

出たり入ったりですね。出戻りも歓迎しています。

――サンカラを手掛けて良かったことは何ですか。

人との出会いが広がったことです。私は仕事＝人生だと思っています。不動産、パチンコ、ホテル・レストラン、ゴルフ場など、それぞれの事業ごとに出会いが広がっていきます。自分でも楽しみでなりません。

サンカラブランドのリゾートホテルを増やしていきたい

――今後のビジョンをお聞かせいただけますか。

事業の多角化は重要ですが、その一方では専門性も培っていかなければなりません。ホテル・レストラン事業に専念している人たちは、それだけの勝ちパターンを持っています。その中で私たちはチャレンジし、成長していきます。私自身は、投資家的な目線で次世代の経営者を社内から育成したり、外部から良い人材を迎え入れていきたいという思いがあります。

ホテル・レストラン事業に関して言えば、屋久島以外のホテル案件にも興味があります。サンカラブランドの新規展開としても国内に2つの候補地があり、どちらかないしは両方を手掛けたいと思っています。また、デザイン・コンセプト

Message from Ceo

にこだわった宿泊主体型ホテルも２０２１年に開業する予定です。

――書籍を発刊される経緯、目的を教えてください。

最近「国内の旅館さまやホテルさまから運営に関するコンサルティングをやってくれないか」といったお話をいただく機会が増えました。ただ、そこまで手が回らずなかなかお受けすることができません。ならば、当社の取り組みを一度まとめてみようと思い書籍を発刊することにしました。さらには、２０２０年3月にsankaraホテルは10周年を迎えます。その記念企画をいくつか予定しているなかの一つの取り組みとして、この10年間を振り返り、次の10年につなげるという意味を込めてみたいという思いもありました。

――平川社長がお考えになる、日本のラグジュアリーホテル像をお聞かせいただけますか。

海外に行くと景観が素敵なホテルがたくさんあります。いずれも、建物が風土や文化と調和・共存しています。そういうものが、日本でも良い場所に存在してくれればと思っています。部屋の造りやスペースも重要ですが、その土地の文化と共存したものを作り上げなければなりません。まるで大切な友人をもてなすようなホテル、心地好いサービスを提供できるホテルを作っていきたいです。サービスの質を考えると、客室数はスモールに限定されます。そして重要なのは運営する能力です。そのためにも人材育成が重要なテーマとなってきます。必要な人材をしっかりと育て、スモールラグジュアリーのサンカラを新たにいくつか運営したいと思っています。

――最後にメッセージをお願いします。

sankara hotel&spa 屋久島は屋久島と共生しています。これからも屋久島の人々と一緒に屋久島の素晴らしさ、魅力を発信していきます。

On the front line 勇気を持って前へ進め

＜創業理念＞

心豊かな社会を創造し、社会の発展に貢献する企業を目指す

平川商事（株）は、１９５７（昭和32年）６月大阪府柏原市にて創業されました。以来、①旺盛な意欲②勇気ある行動③目的達成への強い執念を創業の精神として、「豊かさを創造する」ためにさまざまな事業を展開してきました。『豊かさとは、物質的な充足感だけを意味しているわけではありません。人を信頼できる関係を築きながら社会への貢献の場である職業に熱中し打ち込み、自助自立にともない、より大きな自由を得るといった心の豊かさにあると考えています。また、「豊かさを創造する」ためには、急速なスピードで変化し続ける社会の最前線、「On the front line」に立ち、判断し、行動していかなければなりません。勇気を持って挑むことでしか見えてこない未来があるととらえています。そうしたフロンティアスピリットを心の真ん中に持ち、常に最前線に立ってあらゆる新しい未来を切り開いていきたいと考えています』と、ホテル・レストラン事業部部長の末次淳二氏は話しています。

ここで、改めて平川商事のコーポレートフィロソフィーを掲げておきます。平川商事（株）は、企業の価値観を、具体的な社員一人一人のアクションに落とし込みそれを実現している企業です。

◆ミッション

『豊かさを創造する企業へ』

わたしたちは心豊かな社会を創造し、社会の発展に貢献する企業であり続けます。

◆ビジョン

『On the front line』

勇気を持って挑むことでしか見えてこない未来がある。私たちは、フロンティアスピリットを心の真ん中に持ち、常に最前線に立ってあらゆる新しい未来を切り開きます。

◆アクション

Faithful（誠実であれ）
Sincere（真摯に取り組む）

Speedy（早く）

Focus（焦点を絞って）

Strong（鍛え）

Challenge（挑む）

Flexible（柔軟に）

Fun（楽しみながら）

Respect（異なるものを受け入れ）

Responsible（責任感強く）

Creative（創意工夫して）

Reliable（信用信頼を育て）

United（多くの仲間と共に）

第２章

事業多角化への道

～生き様を刻め、行き方は自由だ～

2

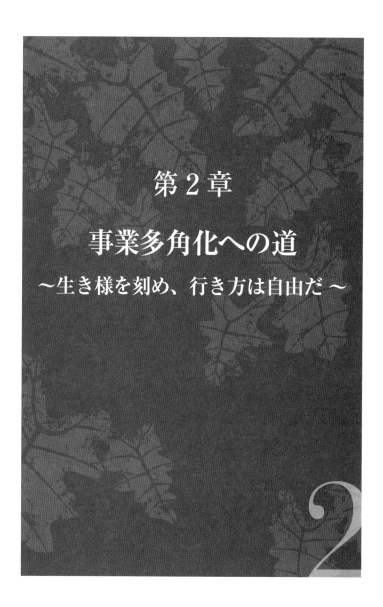

＜事業多角化への道＞

時代のニーズをいち早くとらえ、新たな事業をつぎつぎと創出

創業から60余年に及ぶ平川商事の歴史は、新規事業へのたゆまぬ挑戦の連続でした。１９７２年不動産事業を開業。続く73年パチンコ事業、アミューズメント事業を次々に開業しました。84年にゴルフ事業を開業し、87年にレストラン事業を開業。２０１３年Ｍ＆Ａによりアパレル事業を開始するなど、時代のニーズと環境の変化をいち早くとらえ、積極的に事業展開してきました。その結果、今では、ホテル・レストラン事業、ゴルフ事業、アパレル事業、インテリア事業、パチンコ事業、アミューズメント事業、不動産事業、和牛畜産事業、クリーンエネルギー事業、フィットネス事業など、ライフシーンのあらゆるステージで多様な事業を

営んでいます。これにともない、グループ計での売上高1000億円、従業員数2000名をこえる一大企業グループへと成長しました。今後も「豊かさを創造する企業へ」を使命とし、多岐にわたる事業をそれぞれブラッシュアップし続けると共に、新たなジャンルにも積極的に取り組み、活躍のフィールドを広げていきたいと考えています。

＜人が育つ企業風土＞

フラット宣言

平川商事（株）は人材育成についても積極的に取り組んでいます。

総務人事部部長の岩田達敬氏は、平川商事（株）の社風や人材育成方法などについてインタビューで以下のように話しています。『社会に出ると〝誰が言った意見か〟で判断されるケースもしばしばあります。「そんな世の中、理不尽だ！」と思うこともあるでしょう。しかし、何十人という部下を抱え、幾多の荒波を乗り越えてきた経験豊富な上司と、新卒1年目の新入社員とではその言葉の背景や重みに差が生じるのも事実です。お客さまや経営陣の立場を考えると、その判断も一理あるように思います。特に、実ビジネスの立場となると、判断基準の大きな要素として「信頼」が重視されます。弊社は、逆に信頼を獲得し、信頼される人間であれば、社長相手だろうが、上司相手だろうが、立場に関係なくフラットな社風です。つまり、「誰が言ったか」ではなく、何を言ったか、で判断します。豊かな未来を創造するため、フラットな視点で世の中のニーズを探り、新たな分野にも勇気を持って挑戦していきます』また、人材採用についても、『弊社は、「人材は資産」という信念のもと、向上心の強い人材を積極的に迎え入れてきたことも成長に大きく貢献しています。２００９年にリーマンショックの影響により、多くの企業で内定取消や派遣契約解除を行ない雇用不安が広がったときにも、彼らに正社員採用へのチャンスを提供しました。それも、新しいサービスを生み出し続けるには、人と組織の力が不可欠であると考え、「人が育つ企業創り」にまい進しているからこそと言えます。今でも、「生き様を刻め、行き方は自由だ」をキーメッセージとして、チャレンジ精神と野心を併せ持った人材の採用を行なっています』と話しています。

第3章

ホテル・レストラン事業部 概要

～必要なのはチャレンジ精神と野心～

3

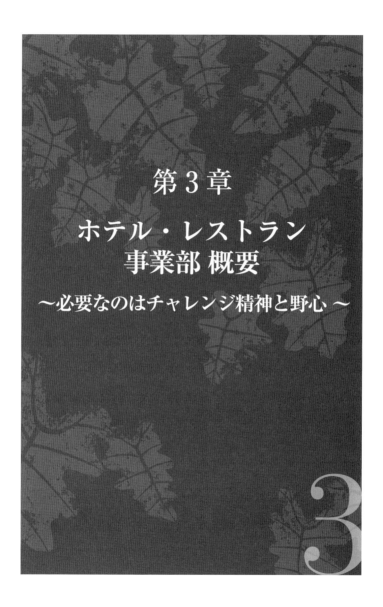

＜ホテル・レストラン事業部事業概要＞

「豊かさ」のさらなる追求を目指し、ホテル・レストラン事業に注力

マーケティングとイノベーションで新たな市場を創出してきた平川商事が、近年注力しているのがホテル・レストラン事業です。この事業は、1987年西日本最大級の温浴施設である「奈良健康ランド」の開業、88年「奈良プラザホテル」の開業に始まりました。その後、スモールラグジュアリーホテル「sankara hotel&spa 屋久島」、米国ハドソン川を一望に見下ろす高台に立つ中世様式の古城ホテル「castle hotel&spa NY」を開業。レストラン部門でも、神戸・北野に根付くフレンチレストラン「la Maison de GRACIANI 神戸北野」、関西最大級のダーツ&スポーツバー「Dijest」、こだわりの焼肉を楽しめる「焼肉バル 炎家」などを

開業しています。事業の根幹となっているのが、「豊かさ」の追求です。それを念頭に置き、現代を生きる人々の心の豊かさを創造し、事業を推進してきました。

今後は、既存施設の収益力アップと新規施設の開業をいかに加速させていくかです。まず既存施設では、「sankara」ブランドの評価をさらに高めるために、海外の富裕層集客力を強化するとともに分譲用コンドミニアムの新築、客室改装によるグレードアップが計画されています。「castle hotel&spa NY」や「奈良健康ランド」でも、改装やリニューアルによって集客力や客単価のアップを目指しています。

一方、新規施設開業にも意欲的です。将来的には宿泊主体型ホテル、リゾート型ホテル、レストランの新規開業を積極的に目指しています。このうち、スモール・ラグジュアリー・カテゴリーとしては、sankara ブランドのもと、日本を代表する高級リゾート地での開発を検討しています。

第4章

sankara hotel & spa 屋久島

sankara hotel&spa 屋久島へようこそ。
サンカラでのご滞在は、バトラーとの会話から始まります。
太古の森を歩きたい方も、
島の美味をお探しの方も、
ただ優雅にお過ごしになりたい方も。
急がず、
喧騒を忘れ、
時には心の向かうままに。

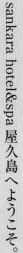

＜サンカラストーリー＞

真のホスピタリティサービスと世界自然遺産・屋久島への貢献をカタチに

真のホスピタリティーサービスと世界自然遺産・屋久島への貢献を経営理念とするオーベルジュ型リゾートホテル「sankara hotel & spa 屋久島」は、屋久島の東南、山を背に海を臨む緑深き高台という神秘的なロケーションに位置していま す。sankaraとは、サンスクリット語で「天からの恵み」を意味する言葉です。その名の通り、自然の恵み、食の恵み、居住空間の恵みがすべてそろっています。

ホテルのコンセプトは五つの『S』。

ホテルのコンセプトは5つの”S“です。世界自然遺産である屋久島の大自然に敬意を表し、一人一人のバトラーがお客さまに敬意を持って心をこめたサービスを提供しています。

「safety」（安全）：本物のくつろぎのために、常に安全確保に努める。

「sense」（洗練）：お客さまの心にフィットする、センスあふれる空間をご用意する。

「scene」（景観）：お客さまの心に残る感動的なシーンを、鮮やかに彩るお手伝いをする。

「surprise」（驚き）：いつ来ても、何度でもファーストサプライズの新鮮さでお出迎えする。

「serving」（おもてなし）：常にお客さまの立場に立って、心に響く臨機応変なおもてなしを目指す。これらの思いを表しているものです。

約3万㎡の敷地には、ヴィラタイプを中心に29の客室を有しています。客室は、最高級スイートルーム「サンカラスイート」126㎡や、アジアンモダンで統一されたスイートルーム「サンカラジュニアスイート」71㎡、海に面した部屋にウッドデッキが設置された「サンカラヴィラスイート」104㎡、スタンダードな「サンドラヴィラ」53㎡の全4タイプがあります。いずれも心地よいステイを約束してくれるものです。

オーベルジュの顔であるレストランは、屋久島を中心とした地方料理を取り入れ、シンプルなカジュアルフレンチを提供する「ayana（アヤナ）」と自然派のフレンチフルコースを堪能できる「okas（オーカス）」の二つがあります。宿泊プランに合わせて卓越したフランス料理を楽しめるようになっています。いずれも、フレンチの名シェフ武井智春氏が、「地産地消」をコンセプトにみずから選定した地元・屋久島を中心とする九州産の魚介類やオーガニックな食材を使用しています。中には、市場にはほとんど出回らない魚や農家に頼んで作ってもらった野菜もあります。島でしか味わえない食材との出会いも楽しみとなるはずです。施設としてはほかにも、屋久島の豊かな自然の恵みである海と山、森、水、雨、太陽といったエネルギーに全身を包まれ、極上のひとときを感じられるスパ「sankara sana」も見逃すことはできません。高台には、ドリンクや軽い食事を楽しみながら、海を臨めるプールもあります。アートや自然科学、文学をはじめ、屋久島をより詳しく知るための書籍など、600冊以上の蔵書が並ぶライブラリーラウンジも用意されています。

サービス面での特徴は、本物のくつろぎをお届けするために、お客さまごとにバトラー（専任執事）が付く仕組みを採用していることです。ウエルカムドリンクのスパークリングワインに始まり、一人一人のお客さまの好みや趣向に合わせたサービス、その他観光情報も提供しています。さらには、屋久島の神秘的な世界観、素晴らしい自然体験はもちろん、山、海、里など、お客さまが求めるあらゆるアクティビティを案内してくれるホテル専属のガイドもそろっています。

こうしたバトラーやスタッフ、ガイドのきめこまやかな対応には定評があり、ゲストからも高く評価されています。事実、2019フォーブストラベルガイドではリコメンド施設として選出されているほか、トリップアドバイザーでは5.0、一休では4.8というポイントを得ています。

ちなみに、サンカラは、世界自然遺産である屋久島との共生を理念に掲げ、「For the Yakushima 宣言」も発しています。具体的には、屋久島町の地域ボランティア活動に積極的に参加したり、エコ活動やイベントを展開したり、「サンカラ基金」を設立し屋久島の自然保護のための寄付を続けたりしながら、地域に根づいた活動を行なっています。

また、2020年に10周年を迎え、あらたな取り組みとして、「Team Zero Waste Sankara」を立ち上げ、屋久島の環境に配慮した地域貢献活動を通じて、屋久島との共生をより深めて行きます。

『For the Yakushima』宣言

・私たちは、世界自然遺産『屋久島』に相応しいエコ活動や、イベントなどを地元のみなさまと一緒に展開し、屋内のみならずワールドワイドなＰＲ展開を図ります。

・私たちは、屋久島町の地域のボランティア活動にすすんで参加いたします。

・私たちは、屋久杉のようにサステナビリティ（持続可能性）溢れるホテル運営を目指します。

・私たちは、「sankara 基金」を設立し、屋久島の自然保護のために寄付させていただきます。

・私たちは、地産地消を目標とし、レストランの食材は地元鹿児島県をはじめとした九州各地より調達いたします。

・現地スタッフの住民票を屋久島町に移し、住民税を納めます。

『Team Zero Waste Sankara』

私たちTeam Zero Waste Sankaraはこの美しい屋久島の山、海、里の自然を守るために、2020年以下のアクションプランを推進してまいります。

1. 海洋汚染につながる使い捨てプラスチック製品の使用を50％削減します。
2. ホテル内ペットボトルの販売、提供を中止します。
3. 屋久島の山、海、里の清掃活動を毎月実行します。

第5章
sankara Management
～事業計画書は“嘘”をつかない

5

「事業計画書」を基にしたシンプル経営

独立系小規模ホテルで勝ち組にまわるということは、実は途方もない経営努力が必要であり、サンカラのような小さいホテルで利益を出すということは、実は難しいことです。

経営が苦しく、コンサルタントにうながされてグローバルスタンダードを持ち込んだり、大型チェーンホテルの仕組みを持ち込んでも利益が出ないケースが多々あります。そのホテルが、目論見通りいけば、未来永劫成立するという事業構造になっているかどうかは、経営幹部（特に社長）の責任です。うまくいかないからといって、総支配人を叱責するだけでは、状況は一向に変わりません。大事なポイントは、「成功する青写真」を総支配人と共有することです。すなわち、具体的にこうすれば成功するという考え方を数字にすることです。これが非常に大切です。もしなければ、何としても作る必要があります。そういった意味で、肝は「事業計画」の策定とその予実管理です。案外シンプルですが、これができていないケースがあります。サンカラは、「事業計画」に基づき運営されています。ただし、単なる計画倒れに終わらないのがこのホテルのすごいところです。関連する部署や各スタッフへ情報共有を行ない、月次および週次で総支配人がリーダーとなり部門別の検討会を開催しています。

予算に対して実績がどのようなものであったか、課題は何か、それをどのように解決していくべきかなどの活発な議論が交わされています。

「事業計画を検討すること」はさらなる飛躍へのチャンス

一般的に前年売り上げ5％アップの事業計画書を作るとか、経営企画が作った計画書をベースにコメントだけ足すとかという計画書は無意味です。

当たり前の話ですが、新年度スタートが1月1日だとすると、新年度1月1日を迎えたとたん105%になることは絶対にありえません。事業計画を策定するために1年を振り返り、事業所全員で反省会を実施し、来年度の事業を推進する大きな考え方を整理します。どのようにして売り上げを上げコストを削減するのか、より具体的な施策まで落とし込みます。ここまでしないと毎月の決算時に方向性があっているのか、間違っているのかというより精度の高い反省会をすることができないからです。また、1月から12月の決算期において、8月が終わった時点で、来年度の計画検討会をスタートします。この検討会をスタートするにあたり、過去の推移とこの先の予約状況を勘案し、できる限り正確に今期の売り上げおよび利益を予測します。そして、これをもとにチーム全員で反省会を実施し次年度に向けた具体的な施策を出していきます。チーム全員で反省し、具体的な施策を策定しはじめると、次年度だけでなく、当期の残された期間の業績向上にもつながっていきます。（良くならないと計画達成はない）また、前年対比105％の事業計画よりは、120％（思い切って200％）の計画を検討したほうが、チーム全員からのアイデアがでやすいです。例を挙げると、来期のOTAの売り上げを200％にするということを目標に掲げた場合、売り上げ目標を105％と設定するよりも、より多くの具体的な施策を考えやすいですし、今年の延長上の前年比105％などの目標設定では施策がうまく行かなかった場合、昨年実績を下回る可能性があるからです。

事業計画の要諦は考え方の刷り合わせがもっとも大切である

総支配人は、自ホテルの来期事業計画の考え方を役職上位者（社長、事業部長など）と共有するのはもちろん、自事業所のスタッフと必ず共有することが重要です。計画書をメールで回覧するというだけでは足りません。シフト勤務が基本のホテルの場合は、2～3日に分けて、何度も事業計画説明会を実施し、全スタッフにメッセージを伝えることが重要です。

適切な粗利益の確保に努める

一般的に1泊2食で販売しているホテルや旅館の場合、自分たちが運営しているホテルが成立するためには、具体的に一部屋当たりの粗利益がいくら必要か把握する必要があります。特に、インターネットのOTAを通してパッケージ商品（1泊2食の宿泊パッケージや1泊2食＋SPAといった宿泊パッケージなど）を販売する場合は、季節や需要の大小で販売価格を上下させることや各種割引、さまざまな販促費や手数料などを考え、適切な粗利益を確保する必要に迫られます。パッケージ商品の売り上げの内訳で考えられるのは、客室売り上げ、レストラン売り上げ、SPA売り上げ、物販売り上げ、アクティビティー売り上げなど多岐にわたり、いろいろなやり方があります。ブティックホテル、スモールラグジュアリーホテルと言った小さなホテルや旅館において、最もシンプルな考え方は、一つのパッケージ商品を造成する場合、客室売り上げやレストラン売り上げ（朝食、夕食）、その他売り上げなどとあらかじめ分解して、客室売り上げの粗利益を常に意識することが重要です。本館の維持管理費やプールの維持管理、庭の維持管理、ホテル共通の宣伝広告費や管理部門の人件費などを客室売上の粗利益で賄えるかどうか意識して商品を作る必要があります。自ホテルの状況を冷静に分析し、赤字であれば、いくら客室料金を上げれば自事業が成立するのか、シミュレーションされることをお勧めします。

積極的な価格改定

価格改定は、思いっきって実施するべきです。既存スタッフとミーティングを行なうと、現在の価格から徐々に上げていくべきとか、急な価格改定を行なうとリピーターが離れるとか、新しい価格に見合ったサービスを追加しなければならないとかいろいろな議論があり、なかなか価格改定に踏み込めない場合も容易に想定されますが、自分たちが生き残るためにはそれしか方法がないとしたら、大胆に価格改定を行なうべきです。

情報共有と売り上げＰＤＣＡサイクル

事業計画経営を成功させるためには、事業計画書の作成ステップやチームメンバー全員との情報共有が大事であることは先に述べましたが、もう一つのポイントとは、『売り上げを上げることだけに特化したＰＤＣＡ』を回す仕組みを自事業所内に持てるかどうかということです。ホテルやレストランといったサービス業は、営業活動をしなくても日々のオペレーションが終わります。ホテルチェーンやレストランチェーンの場合は、マーケティングチームや、セールスチームがあるため、独立して営業活動を実施することが出来ますが、独立系のホテルやレストランの場合、自らマーケティング活動やセールスをしなければなりません。しかしながら、日々の運営に追われ、きちんとしたマーケティング活動やセールスができてないホテルやレストランが多いように感じています。いざセールスに特化したミーティングを実施しても、脱線してお客さまの満足度向上につながる施策やクレームを減らす施策を延々と話していることが散見されます。例えば、毎週1回、売り上げを上げるミーティングを設定した場合、その会議の1時間だけは、売り上げを上げる具体策を検討し設定することと、実際に営業した結果を確認すること、それに基づいて新たな具体策を設定することだけに特化してミーティングを行なうことです。特に重要なのは、来週のその会議までに、誰が何をするか具体的に決めることが重要です。例えば、Aさんが、来週のミーティングまでに、旅行代理店のB社に訪問しセールスするとか、昨年ご利用いただいた団体の（株）C社へ電話をするといった具体的な売り上げ向上策を設定する必要があります。

売上げ施策は打率3割と認識すること

3カ月先あるいは6カ月先の予測をたて、予測が計画を下回っている場合、現在考えている営業施策に加えて、新たな施策を具体的に実施する必要があります。この場合、新たな施策の成功率を3割ぐらいと考えて、より多くの施策を具体的に設定する必要があります。いつも少しだけ事業計画を下回るという事業所は、考えている施策が全部（100％）当たった場合のみ計画を達成するというケースが多いのです。施策が100％当たることなどほぼないというのに、具体的な施策数が少なすぎるということに気付いていない総支配人が多いです。

次項では、今までの要点を記載しました。事業計画を策定し、その通りに必ずしもいかない場合があります。その場合は月次ベースというよりは、週次ミーティングを活用し特別の対策（マーケティング対策）が必要になってきます。

ポイント

・事業計画書経営の要諦

❶事業計画は自事業所が変革するチャンスととらえる

❷考え方のすり合わせ

❸１０５％の計画より１２０％（または２００％）の計画のほうがアイデアがでやすい

❹売り上げ向上施策は、成功率3割として具体策をたくさんつくる

・全社決算検討会（全体）の開催

❶支配人はアイデアがなくなりがち。（でも部下に言えない）

❷各事業所の総支配人同士が意見交換することで、新たな「気づき」を得て「うまく行っていること」・「うまく行っていないこと」や、販売促進活動など

の多くの意見が出る

❸ほかの事業所に意見が言える雰囲気作り

❹テレビや雑誌、インターネットの新しい情報をできる限り持ち込む

・年次事業計画検討会（全体と事業所部門別）

❶事業計画の検討会

❷事業計画の説明会

・月次事業計画検討会（事業所部門別）

❶決算の状況と施策の反省や気付き

❷3カ月先の見通しとその対策について

❸TODOを管理

・週次営業ミーティング（部門別）

❶売り上げを上げることだけに特化した部門別のミーティング

❷TODOを管理（期限は翌週まで）

❸3カ月先の予測と対策（3割しか当たらないという前提で、効果の数字を予測し、予測と計画の差の300%の施策を考える）

❹客単価（フード＋ドリンク＋客室＋その他）×客数（リピーター＋新規）×購買回数のどれを増やす施策か、目標数字を明確にする

事業計画から大きく逸脱している事業所の場合

・特別対策が必要な事業所の週次ミーティング

❶マーケティング・営業施策の確認
❷お客さまが実際にたどる予約経路をすべて実際にその場で確認する
❸特にＩＴ系（ＯＴＡ対策など）は、やっているつもりでも実際やられていないことが多い（実際のＯＴＡサイトのプランを見ながら、適正な販売プランが出ているか、季節ごとのプロモーションになっているか。そして、競合比較を行ない一つ一つ検証していく作業が必要）

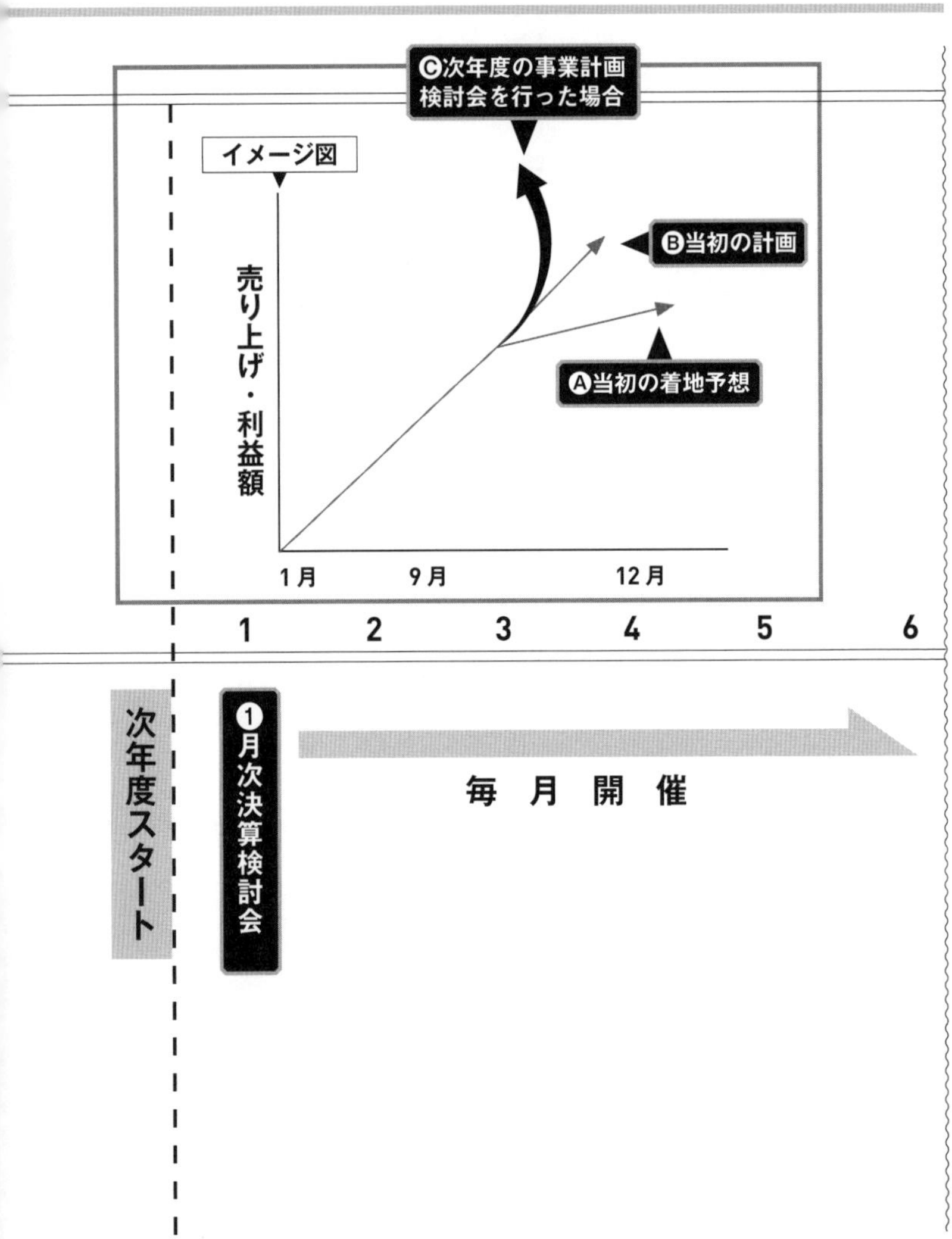

Ⓒ次年度の事業計画
検討会を行った場合
イメージ図
Ⓑ当初の計画
売り上げ・利益額
Ⓐ当初の着地予想
1月
9月
12月
1
2
3
4
5
6
次年度スタート
❶月次決算検討会
毎 月 開 催

事業計画作成までの流れ（決算期は12月）

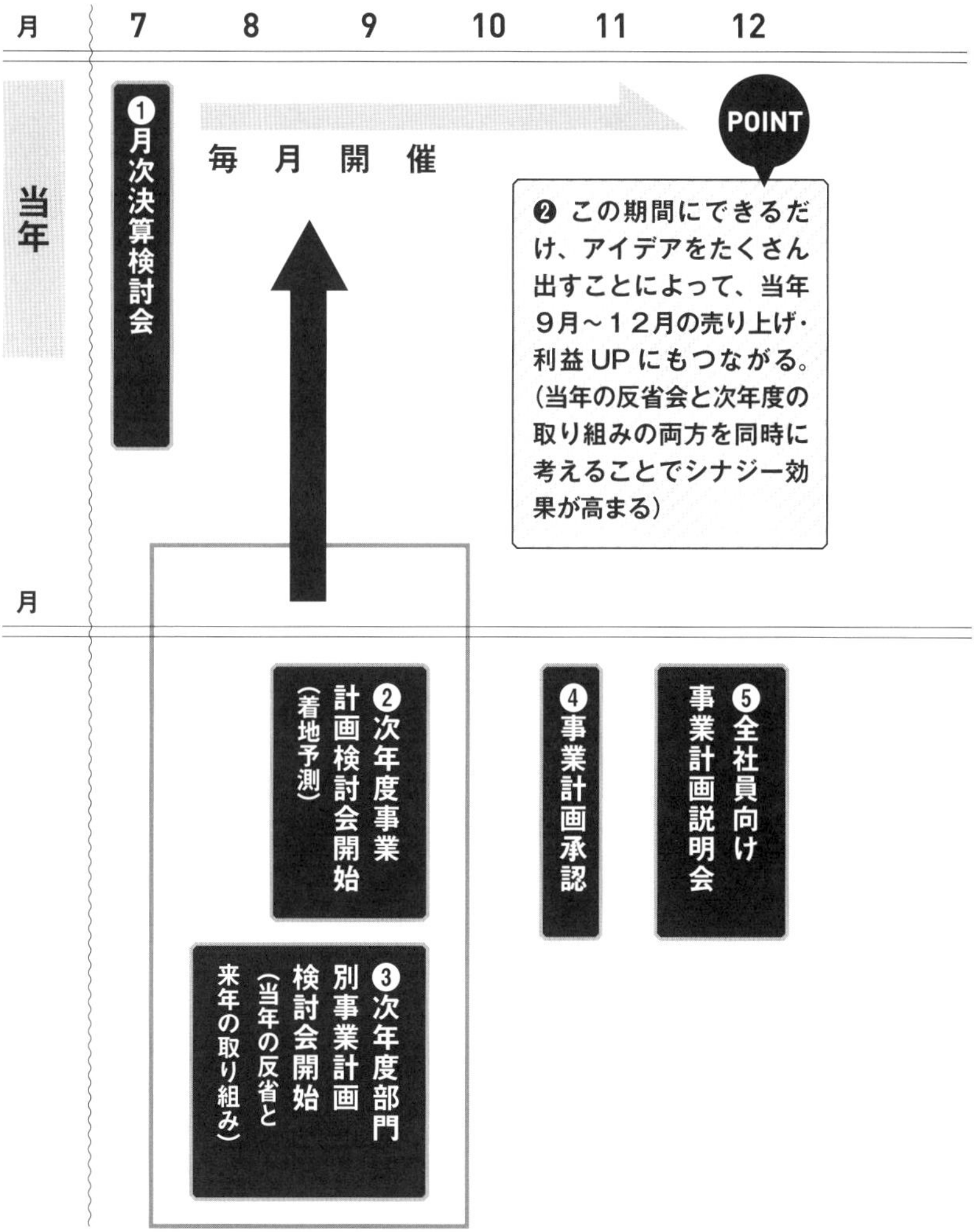
月
7
8
9
10
11
12
当年
❶月次決算検討会
毎月開催
POINT
❷この期間にできるだけ、アイデアをたくさん出すことによって、当年9月～12月の売り上げ・利益UPにもつながる。（当年の反省会と次年度の取り組みの両方を同時に考えることでシナジー効果が高まる）
月
❷次年度事業計画検討会開始（着地予測）
❸次年度部門別事業計画検討会開始（当年の反省と来年の取り組み）
❹事業計画承認
❺全社員向け事業計画説明会

第6章

sankara Operation

sankara Original Seven Initiatives

ホテル運営
～7つのしくみ～

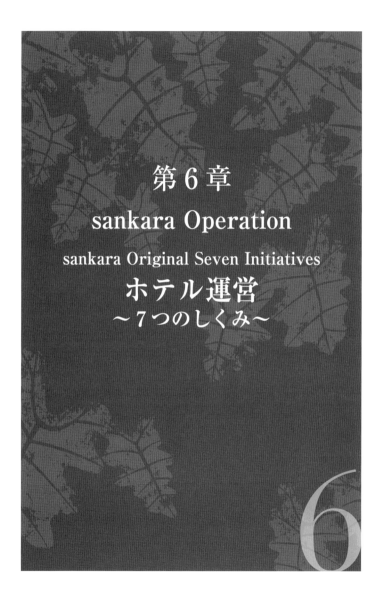

きめ細やかなサービスの奥にあるもの

サンカラリゾートに滞在して感じたのは、「マニュアルを超えたサービス」。

サンカラリゾートの従業員は、ホテル業界の経験を問われることなく、やる気で採用し最低限のルールだけを決めて、後は自分で考えて仕事をしていくという自主性を重んじるスタイルです。

サンカラリゾートでは、ホテルの従業員と宿泊者という関係が、リピーターになるうちに、親戚付き合いのようなフレンドリーな関係に変わっていきます。一般的なマニュアルで対応するようなありきたりなサービスではなく、毎回同じバトラーが担当し、彼らがお客さまのために趣向を凝らしてサービスをしていくからです。

魅力のある宿であっても、繰り返し来ているうちに、飽きてくるものです。毎回何か新しい驚きを提供するためには何をすればよいか考え、食事のメニューを変え、新しいアクティヴィティを提案し、という具合に宿泊者と一緒に成長していくのです。

ここでは、7つの運営の仕組みを解説していきますが、記載している「マニュアル」とは「最低限その業務をする上でおさえなければいけないポイント」のことであり、それをふまえて従業員が自ら考えて行動しています。よって、「マニュアルに書いていないからできない、やらない」ということはサンカラスタイルではないのです。

sankara Original Seven Initiatives
世界に通用する真のホスピタリティーサービスへ向けて

運営の仕組み

サンカラの運営の大きな特徴は「sankara Original Seven Initiatives」と呼ばれる、独自の仕組みがあることです。世界に通用する真のホスピタリティーサービスの提供を目的として、以下の七つの施策を実施しています。

本システムを取り入れている根底にある考え方は、マニュアルなどを作成することによりサービスのクオリティを均一化させ、できるかぎり「接遇業務（サンカラの場合はバトラー制など）」にエネルギーを集中し、より高いレベルでのサービスを顧客に提供することを実現するためです。すべての業務を可視化することで全スタッフが他部署への理解を持ち、ＩＴツールを活用した「情報共有」を行なうことで顧客情報の共有化を行ない、「感動するサービス」を実現しています。

下記に７つの運営の取り組みをご紹介します。

sankara Original Seven Initiatives

◆サンカラ独自の７つの取り組み

・世界に通用する真のホスピタリティサービスを提供するため、サンカラオリジナルの７つの取り組みを実施

≪ Seven Initiatives ≫		
❶	S-JRS	･sankara Job Rotation Systeme
		マルチタスクなバトラーを育成
❷	SSM	･sankara Skills Map
		業務レベルの見える可
❸	S-OPM	･sankara Operating Procedure Manual
		セクション別の業務マニュアル（業務の平準化）
❹	S-ISS	･sanakara Information Sharing Systems
		リアルタイムにゲスト情報及び施設情報を共有
❺	S-CLASS	･sankara Costomer Loyaity Achievement Suggestion Systems
		提案カード、問題定義、顧客の気付き、責任者へのダイレクトライン
❻	S-GIS	･sankara Guest Information Systems
		ゲスト情報を事前に入手、事前に得た情報を Guest Information で共有
❼	SHS	･sankara Hearty Surprise
		ゲスト一人一人に合わせた、心のこもったサプライズを提供

❶ S-JRS (sankara Job Rotation Systems)

マルチタスクなバトラー育成を目指し、ロビーやサービス、ハウスキーピングなどを一つの部門に統合し、定期的なジョブローテーションも行なっています。これによって、労働環境の改善や人件費の削減、セクション間の連携向上を図っています。組織横断的にそれぞれのセクションを体験することで、「セクショナリズム」を排除しセクション間の連携を図ることを目的にしています。

また、一般的なホテルは「フロント」「料飲」部門などにわかれており、それぞれが「フロントさん」「料飲さん」などの呼称で呼び合っています。従業員は、部門の中の仕事の手順や関連性を大切にしがちです。しかし、部署が一つになることで、顧客志向になり、お客さまからのイレギュラーな要望にも自分たちのルールを変更し、なんとか対応しようと考えるようになっていきます。

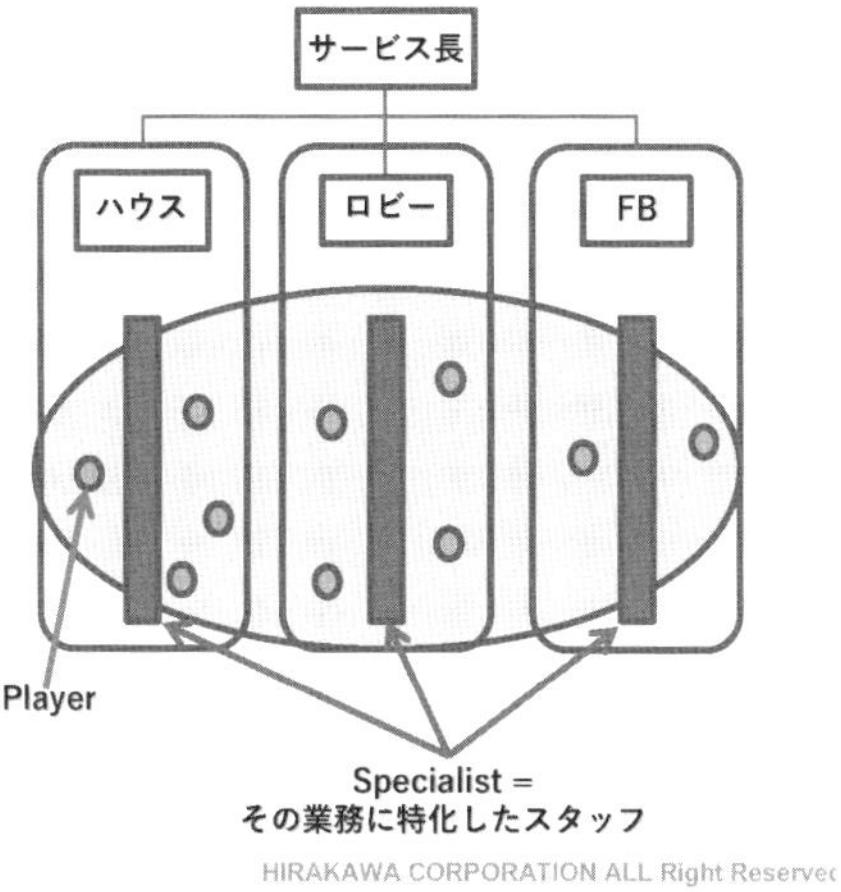

シフト表

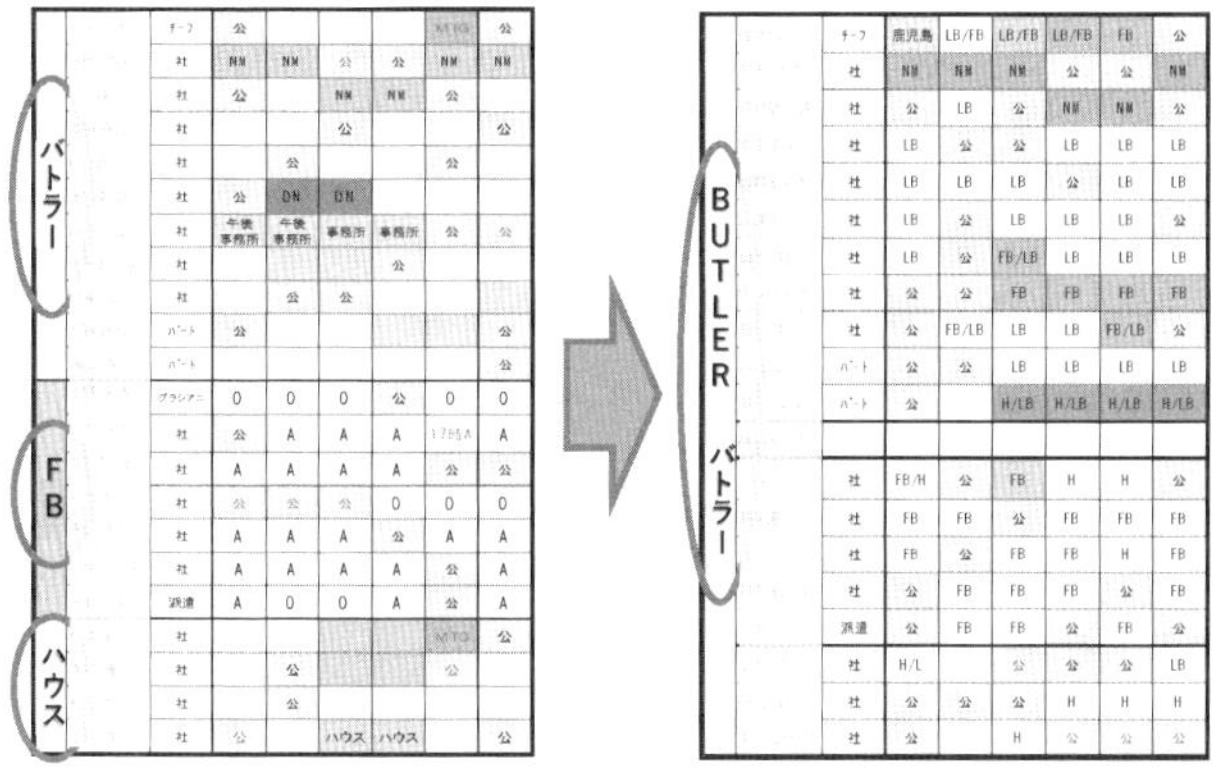

（ポイント）

・「バトラー」、「FB」、「ハウスキーピング」と３つの部署に分かれていたシフトがひとつのシフトになることで、セクショナリズムに陥ることなくお客さまのご要望に柔軟に対応できるチームになる

❷ SSM（sankara Skills Map）

業務レベルの見える化に向けてスタッフのスキル・マップ作成を行ない、競争心を駆り立てると共に評価制度とも連動させています。毎年、新入社員の配属前になると、「早く次の部署にいかせてほしい」と総支配人のところに相談に来るスタッフがたくさんいます。

なぜなら、業務スキルマップが個人ごとに可視化されているため、習熟

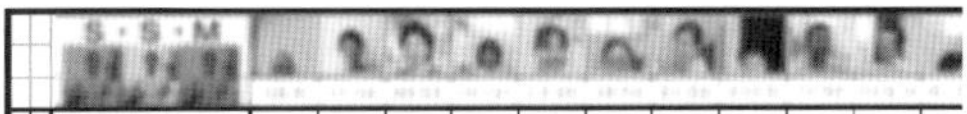

部門	級	業務内容	CK シール	CK シール	CK シール	CK シール	CK シール	CK シール	CK シール	CK シール	CK シール	CK シール	CK シール
LOBBY	初級	送迎	●	●	●	●	●			●		●	●
		SHOP	●	●	●	●	●			●		●	●
		救命救急処置が出来る。	●	●	●	●				●			
	中級	C/IN	●	●	●	●	●			●		●	●
		C/OUT	●	●	●	●	●			●		●	●
		屋久杉製品把握とセールス	●		●					●			
	上級	インチャージができる。			●	●				●		●	●
		アクティビティのアテンド	●			●				●			●
		台風や災害時(緊急)の対応が出来る。	●			●				●			●
FB	初級	BFオペレーション	●		●					●			
		ランチオペレーション	●		●								
		水のサーブ	●		●								
		レストラン日報の作成	●										
		m brosの打ち込みが出来る	●									●	
	中級	オーダーテイク	●										
		ワイン抜栓サーブが出来る	●										
		料理説明	●										
		チーズのプレゼンテーションが出来る	●										
		ayanaセッティングが完璧にできる											
		okasセッティングが完璧にできる											
	上級	インチャージが出来る	●										
		お好みを伺い料理を提案できる	●										
		ワインのインペンができる	●										
		料理とお酒のマリアージュ	●										
		新しい商品開発が出来る	●										
HOUSE	初級	客室清掃(ベッド作成)			●					●	●		
		清掃準備及び片付け補充			●						●		
		各客室の配置を理解してる	●		●						●		
		[illegible]									●		
	中級	拭き上げ&掃除機・モップ			●						●		
		客室補充			●						●		
		TD	●		●						●		
		水回り清掃			●						●		
	上級	清掃インスペクション	●	●	●						●		
		リネン類発注及び資材発注が出来る		●	●						●		
		棚卸が出来る			●								
		シフト表作成及び出勤人数の変更											
		ハウスインチャージ			●						●		
予約	初級	電話応対が出来る	●	●	●	●	●			●	●	●	●
		新規予約・変更・キャンセル処理	●	●	●	●					●	●	
		レジャーの手配処理	●	●	●	●				●		●	
		ゲスイン等の帳票作成	●	●		●					●	●	
	中級	請求書発行処理				●							
		ゲストへの様々な提案が出来る	●		●	●				●			
		フォーキャストを把握しアクションが取れる				●							
	上級	OTA宿泊プラン作成			●	●							
		OTA請求処理	●		●	●		●	●				
		AGTとの交渉・提案が出来る	●			●			●				
SPA	初級	台帳を抑える	●	●	●	●	●			●	●	●	●
		メニュー説明・メニュー決めができる	●			●	●			●			●

度の低い社員は、これから入社する社員に負けないように業務を習得していくという意識がはたらき、組織全体をプラスの方向に持っていくことができます。

❸ S-OPM（sankara Operating Procedure Manual）

業務の平準化を図るために、セクションごとの業務マニュアルを作成。キャリア採用や新卒採用の受入時にも使用し、教育制度とも連動させています。本マニュ

アルは人材育成に大きな貢献を果たします。なぜなら、マニュアルがないとトレーナー（教える側）の経験値に依存してしまい人によって教え方がバラバラになってしまうからです。このマニュアルは随時更新され最新の情報がアップデートされていきます。「マニュアル」の作成および「アップデート」は総支配人が注力しなければならない大切なことです。たとえば、上司・先輩社員が新人やキャリア採用者を教育することになった場合、上司や先輩社員によって手順がまちまちで教えられる側がストレスを感じることが多々あります。このような状況下では、「マニュアルのあるなし」でその効果が大きく異なってきます。また、このマニュアルをクラウドにアップし、誰でも見られるようにすることも重要です。ジョブローテーションの際に、次に希望する業務のマニュアルを自ら閲覧できることが可能になるからです。

❹ S-ISS（sankara Information Sharing Systems）

リアルタイムにゲスト情報および施設情報を共有するために、チャットアプリやデータベースを活用しています。スタッフに対しても適材適所へ情報を配信しています。

❺ S-CLASS（sankara Customer Loyalty Achivement Suggestion Systems）

サンカラでは、パソコンに触れることができないスタッフも含め全従業員が、宿泊しているお客さまの志向などをよく観察し、顧客情報の収集に努めています。気づいたことを紙に記載し、これを夜のマネージャー（ナイトスタッフ）が顧客データベースにアップデートすることで、全従業員に共有することができます。そのため、翌朝以降滞在時に活かすことが可能になり、きめ細やかなサービスを提供し、次回にもデータを活用することができます。

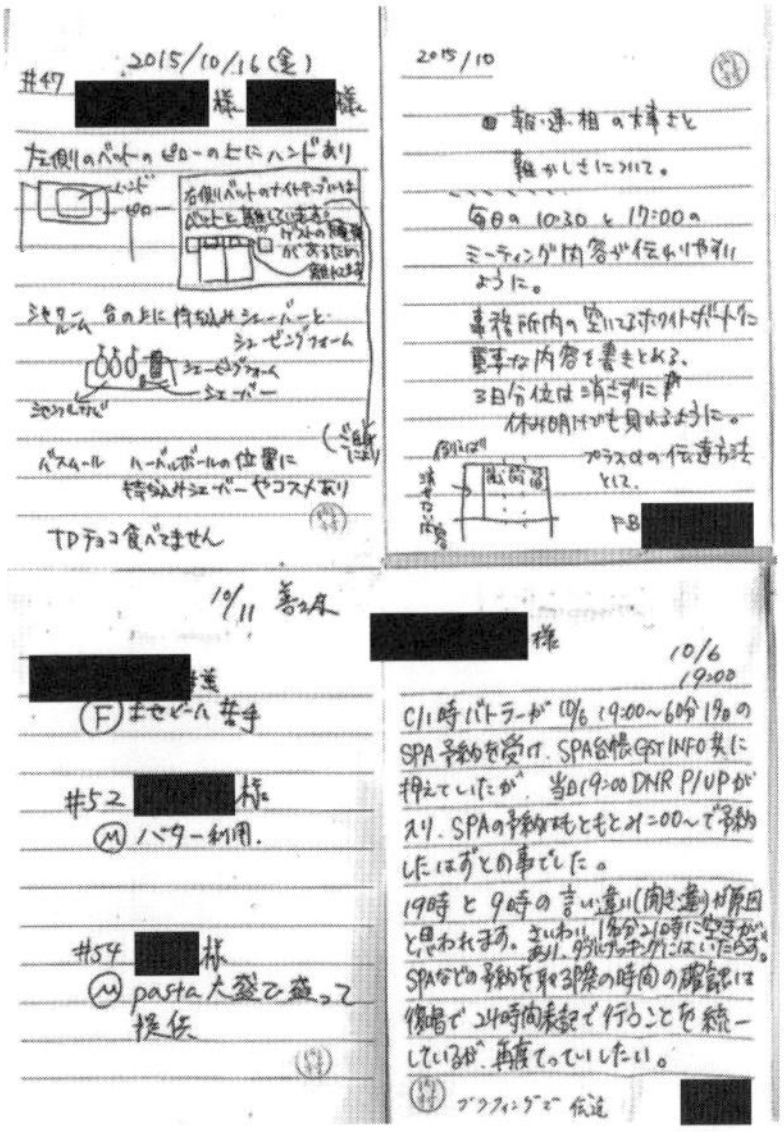

❻ S-G-S（sankara Guest Infomation Systems）

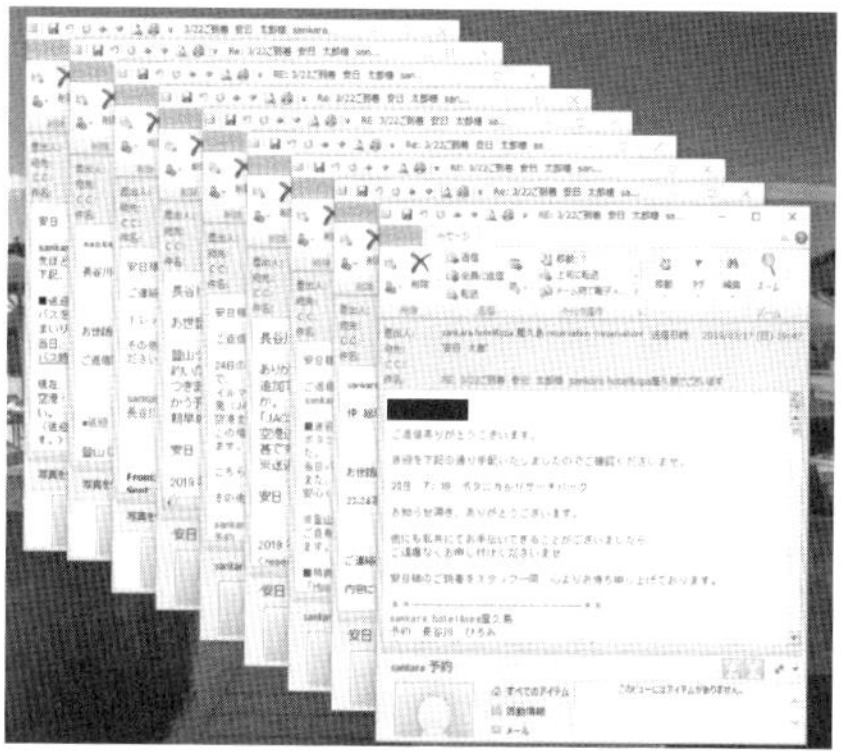

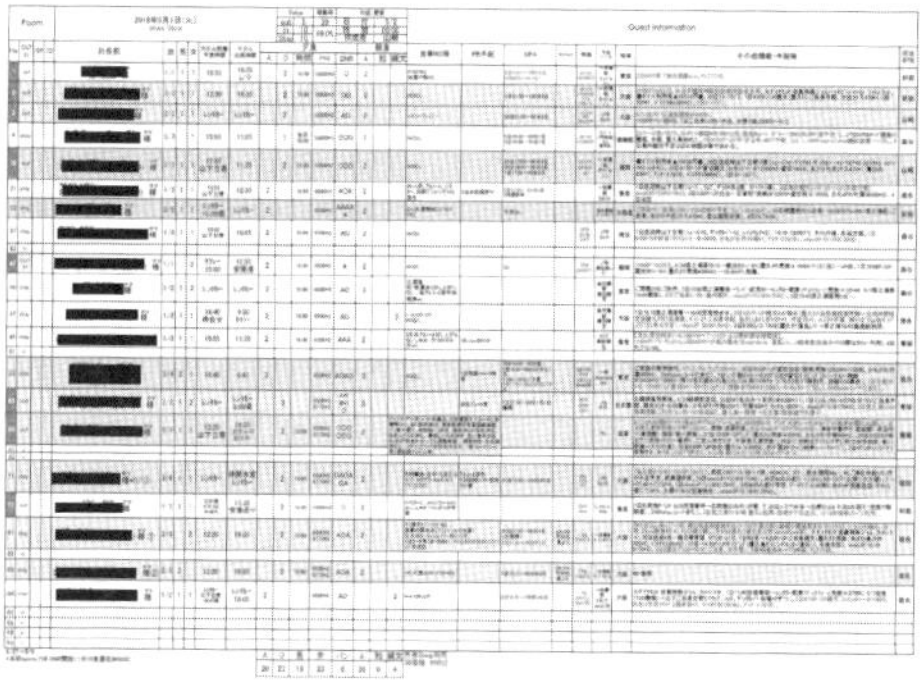

ゲスト情報を入手するために、事前のコンタクトをもっとも重視しています。
具体的には、メールや電話でコンタクトし、滞在目的や滞在中の予定、要望、そ

の他の情報をできる限り聞き出しています。そして、それらをGuest Infomationに記載し、施設全体で共有しています。サプライズなどを仕掛ける際の参考とし、ゲストの満足度向上につなげています。もし、情報収集が事前に十分できていない場合には、空港からホテルまでの車中で引き出す努力を怠らないという徹底ぶりです。この顧客情報は随時アップデートされ、チェックイン前のスタッフミーティング時に全スタッフに紙ベースで共有されます。

❼SHS（sankara Hearty Surprise）

最後は、ゲスト一人一人に合わせた心のこもったサプライズの提供です。必ずサプライズを仕込むことを原則としており、お客さまが来館された際にどうやったら喜んでもらえるかを考え抜く組織づくりが成されています。

また、サンカラではハイグレードなサービスを習得するための研修制度も構築

サプライズ項目 Guest Information

食事NG等	FB手配	SPA	サプライズ	特典	予約ソース	地域	その他情報・手配等	担当BTR

しています。キッチンスタッフ、サービススタッフのいずれにおいても、経験豊富なメンバーが多数在籍しており、スキルの継承に努めています。現場にとっては、人をいかに早く育てるかが大きな課題だからです。

サンカラの運営の秘密

❶人を早く育てる仕組み　新入社員が主戦力

人を育てることが大切だと総支配人以下幹部が心から理解しているか。他社から専門技術者を中途で採用する必要があると主張する中堅幹部は自分の仕事をやっていない。

他社の何倍ものスピードで育てることが最も重要だと認識しているか。

・常にアップデートされたマニュアル
・定期的なジョブローテーション
・全スタッフの取得スキルが分かる表

❷来館前（来島前）にコンタクトする回数を多くする

屋久島を楽しんでいただくためには、事前準備が必要。トレッキングの靴を買うことや、服を買うことで旅の期待感はかなり高まる。何回も何回もメールや電話でやりとりすることによって、来館前からお客さまサイドにも、スタッフサイドにも会ってみたいという衝動が必ず起こる。

❸データベースにお客さま情報を事細かに入力する。

❹必ずサプライズを仕込む

お客さまが来館した際にどうやったら喜んでもらえるかを考える組織づくり。事前のコンタクトがもっとも大切。事前のコンタクトが出来ない、旅行代理店経由のお客さまは、空港からホテルまでの車中が勝負。決して夕食時にシャンパンをサービスすることがサプライズではないと認識させる。

Sankara Cuisine

第7章
sankara Cuisine

7

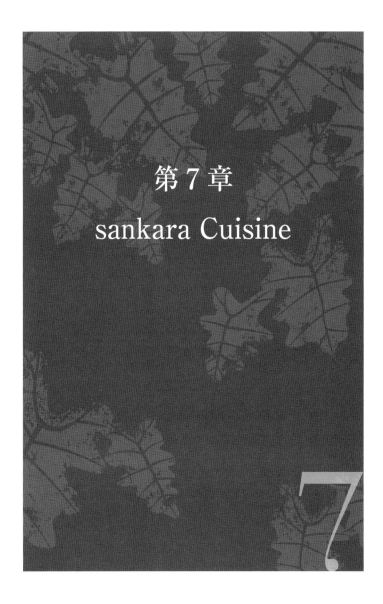

亜熱帯から亜寒帯までの気候が垂直分布する屋久島。

この時期山岳部には積雪が見られ、常緑の森も雪景色に。

暖かい海岸部にある、sankara hotel&spa 屋久島では、初めてのクリスマス、
お正月を迎える準備が始まっています。

ここでは、シェフがお客さまのために集めた、えりすぐりの食材をご紹介します。

ある日のメニュー

—Restaurant ayana Menu—

Amuse

アサヒガニと発芽玄米チップス
キャビア添え

前菜

カンパチと大黒本シメジのグリエ／セップ茸のピュレとハイビスカスローゼル

温野菜

水烏賊と屋久島地卵、秋トリュフ、パルメサンチーズ

魚料理

タカバのコンフィと牛蒡（ごぼう）のフリット

玉ねぎのブイヨンソース

肉料理

なかやま黒牛　イチボの炭火焼き／軽い薫香のジャガイモのピューレ

デザート

パティシエ特製デザート

地産地消

2010年4月のグランドオープン以来、サンカラにすでに何度もお越しいただいているゲストの方がいらっしゃいます。世界自然遺産・屋久島の魅力もさることながら、多くはサンカラの料理を楽しむために、再訪してくださるお客さまです。

厨房を率いるのは、海外の3ツ星レストランや国内の「シェイ・イノ」「タイユパン・ロブション」など名だたるグラン・メゾンで研鑽を積み、「ミクニ・マルノウチ」や伊豆のオーベルジュ「アルカナイズ」総料理長として腕をふるってきた武井智春シェフ。素材のほとんどは屋久島、九州産です。屋久島はもちろん、種子島、熊本、長崎に武井シェフが自ら生産者を訪ね、丹念に探したこだわりの食材です。

ストレスのない環境で育てられる極上の牛と豚

「料理は、その地方、地方で発達するもの。ここでなければ味わえない地元の食材を使って、屋久島らしい料理を提供できれば」と武井シェフ。サンカラで使う食材は、どこで、だれが作ったものか、どんな思いで作ったものか、シェフが知っているものが核になっています。

例えば牛肉は、鹿児島産の黒毛和牛であるというだけではないのです。「うちは、中山さんの牛を一頭買いしているんですよ」と武井シェフ。「中山さんの牛は、赤身に味があって、やわらかくておいしい。脂の融点も低くて、たくさん食べても胃にもたれない。食べて重く感じない肉をめざしているんだと聞きました」

中山さんは、ビール滓を加えた独自の配合飼料を牛で育てている肉牛農家。通常、但馬や三田、松坂といったブランド牛は、1軒の農家で200～300頭の牛を扱うそうですが、中山さんのところでは4200頭もの牛を飼うといいます。その飼い方もまた、とてもユニーク。牛にストレスを与えないことに細心の注意がはらわれているのです。

牛は1頭800キロから1トン。扱いやすくするために、通常から鼻環をつけますが、鼻に輪っかを通されて気持ちのいい動物はいないからと、中山さんはつけずに育てています。また、牛舎は1頭1部屋のところ、3頭を1部屋に入れます。すると性格の違う牛同士が仲良く過ごすというのです。そして、その牛舎の中で、絶対にスタッフを叱らない。人間が声をあげると、牛に悪い影響を与えるからです。

「中山さんは1頭1頭愛情をこめて育てているんですよ。本当に牛はデリケートで、育てた人の思いが出ますね」

牛肉には全頭検査が義務づけられ、生産から販売まで流通経路が確認できるようになってきたとは言え、地元ＪＡから出荷されるときは、個々の肉牛農家の名前が分かるように明示されている分けではありません。ところが中山さんは、枝肉の状態を見ただけで、自分が育てた牛かどうかが分かるのだそうです。武井シェフは、月に一度、中山さんに同行して、鹿児島・志布志まで牛肉の買い付けに足を運び、肉質や脂の状態を見て牛肉を選んでいます。普通、料理人がこうした買い付けの現場に立ち会うことはほとんどなく、武井シェフにとっても新しい試みだったとか。

「作った方の思いや育て方を知ると、肉の使い方も違ってきますね。どこのだれが作ったのか分からない資材を使った料理とでは、お客さまへの伝わり方も違うと思うんです」

ショップで販売しているレトルトのサンカラオリジナルカレーは中山さんの牛

肉と屋久島のおいしい水を使って作られています。化学調味料は一切使わず、うまみとこくを出すためにシェフが取り入れたのは麦みそ。シェフが地元の食堂の料理人の方に教わって作ったものです。さまざまな思いが込められた屋久島の味、ぜひお試しください。

無農薬・有機野菜の農家を訪ねて

サンカラから車でわずか5分のところにある、仙田美智子さんの「エコファーム」をお訪ねしました。仙田さんは18年前、京都から屋久島に移住、森を開業し、2400坪の土地を耕して、無農薬・有機野菜を栽培しています。ニンジン、大根、長ネギ、白菜、ピーマン、ラディッシュ、キャベツ、ニラ、小松菜。斜面を上がるとクレソン、玉ねぎ、ゴボウ、セロリ・・・。少しずつ、本当にたくさんの種類の野菜が育てられています。

「子どものころに食べた野菜のおいしさが忘れられなくて。田舎出身の舌には、都会の野菜がまずく感じられてしかたなかったんですよ。おいしい野菜を食べるには、自分で作るしかないかな、と」

おいしい野菜を作るためには、仙田さんが採用しているのは「島本微生物㈱」の有用微生物と酵素で堆肥を発酵させる農法。京都で微生物研究所に勤務していた仙田さんにとって、堆肥の発酵は自家薬籠中のものとも言えました。

「安全な無農薬・有機野菜ですよ」と仙田さん。都会で生活するものにとって、スーパーマーケットに並ぶ「無農薬・有機野菜」は、少し高価だけれども、安心して食べられるおいしい野菜のイメージ、今ではそれほど特別なものではありません。けれども、実際に野菜を作っている方を前に、掘り起こしたニンジンを手に取ると・・・圧倒的な現実に気づきます。

自然豊かな屋久島は、一方で、農業にとっては厳しい環境なのです。

「大雨が降れば作物が流されて全滅。気候が暖かいから作物の成長も早いけど、雑草も、あっという間に生い茂る。放し飼いしていたニワトリは、野犬やカラスに狙われて何度も全滅。とうとう根負けして小屋飼いにしました。バナナが実れば、サルが大勢でやってきたりね（笑）」

と、この島ならではの苦労を話す仙田さん。でも、その表情は明るく、楽しげです。

「最初は農業について何も知らなくて、記録を取りながら勉強しました。こうしてみよう、ああしてみようと考えてやってみて、結果がうまくいかなくても、次はこうしてみようとか、次々に考えてやっていけるのがおもしろいですよ」

やってみたいことはたくさんあるのに、やることが多くて手がまわらなくて、と仙田さん。そんな状況を見た武井シェフからの申し出で、時々サンカラの厨房スタッフが草むしりなどのお手伝いに来るそうです。日々の野菜作りの苦労を知り、素材自身を学べる絶好の機会。これも生産者が近くにいるからこそできる、得難い経験となっている。また、ホテルから出る野菜くずなども仙田さんのニワトリの餌や堆肥づくりに一役買っていて、屋久島の循環型農業の環に加わっているのです。

自然を感じる料理をつくる

「自分たちで山に入って採ってくることもあるんですよ。キクラゲとか」と、武井シェフが目を輝かせます。

「ツワブキ、長命草（ボタンボウフウ）、春はワラビや竹の子も採りました。まだまだ山野草もたくさんありますし、ホテルの敷地内で始めた自分たちのオーガニック・ガーデンも充実させていただきたいですね」

自家菜園は、オープン当初からの武井シェフの夢の一つ。フレッシュなハーブ、使いたい野菜が作れて、ある程度長い期間で計画が立てられます。また、肉類も安定して供給される食材です。これらに比べたら、その日その日の天候に左右されやすい魚介類は、苦労の絶えない食材です。

「今日、明日、明後日の天気、海の状況を想像して考えます。今日は天気がいいけど明日はしけるだろうから、これを仕入れておこうとか。その日にあがったものも使いますが、火を入れる場合には、1、2日寝かせた方がおいしいものもあるので・・・・。

食材に関しては、季節がひと巡りしてみないことには分からないことが多いのですが、その中で、やはり屋久島らしい料理を提供していくためには試行錯誤している状態ですね」

屋久島は伊勢海老がおいしく、秋はスペシャルディナーとしてもご好評いただきました。季節によっては諫早湾や玄界灘など九州各地の魚介類も使っています。寒い時期、カキは長崎・諫早湾ものを使います。諫早湾はアサリの養殖で知られた海で、二枚貝の生育にとっては好条件がそろっているといいます。ここで育つカキは小ぶりで身がプリプリ。海水の塩分濃度が低いため、ノドにひっかかるようなえぐみもないそうです。

屋久島周辺ではアサヒガニも知られています。ただし、天然物の上、海の状況によっては数と大きさがそろいません。これを嫌って、ほかのホテルやレストランでは外国からの輸入物を使うそうですが、サンカラは地元産にこだわりました。

「何でも言っていただければ探して来ますから」

とおっしゃるのは丸高水産の社長、高橋秀男さんです。「月に35日雨が降る」と言われる屋久島の荒れる海で、頼もしいことを言ってくださいます。こうした短い言葉の中に、武井シェフと地元の方たちとの信頼関係を垣間見ることができます。

こうした地元で採れた食材を地元で消費する、「地産地消」はすっかりおなじみになりました。ところが屋久島では、特に野菜について、地元のものを使いきれていなかった、と武井シェフが言います。

「大規模なホテルやレストランでは、きちんと形がそろっていないといけないとか、まとまった数がないとダメといって、鹿児島から一括して仕入れているんですね。でも、うちのような規模であれば、少量でも多品種作ってくれている方がありがたい。僕は農家さんでできたものをそのままいただいて、それを料理に表現します。つまり、地産地消を確立するには、料理人の技術が必要なんだと思いますね」

ここではメニューを書いてから食材をあつめるのではなく、集まった食材でメニューを作るのです。

「ホテルにいらっしゃるお客さまは、2泊3日、3泊4日の滞在で癒しを求めていらっしゃると思うんですね。だから僕は、自然に添った形の料理を作ろうと思っています。テクニックに固執したような料理、食べて『うーん』と考えるような料理じゃなくて、ストレートに『おいしい』と思えるような・・・。生産者の方たちとの出会いの中で、自然を感じる料理を作りたいな、と思いますね」

季節が巡るたびに味わえる、新しい発見と喜びがある。

第8章

sankara Energy

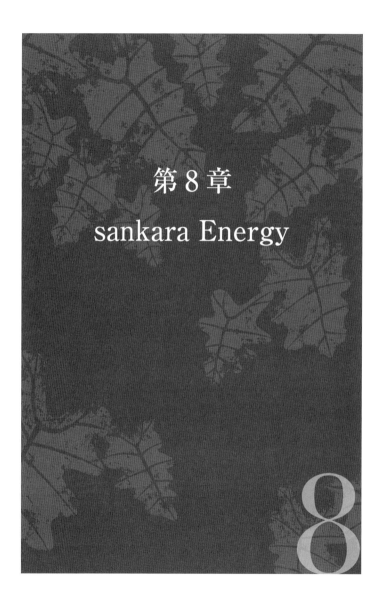

sankara Energy

ホテルで活躍する人、伸びる人には共通点がある

ご自身の仕事でチームメンバーとともに業績を上げたい、プロジェクトを成功させたい、お客さまに喜んでいただきたいなどの思いがあるとき・・・

当然数多くの乗り越えるべきハードルがある。

そのハードルを越えていった先に自分の「成功」が待っている。

sankara hotel & spa 屋久島で活躍する5人にインタビュー。

sankara hotel&spa 屋久島
総支配人 **内村 友也氏**

2004年4月 平川商事（株）入社、09年4月sankara hotel&spa 屋久島の立ち上げに従事。15年2月、総支配人に就任。sankara hotel&spa 屋久島の収益向上に大きく貢献し現在に至る。近年ホテルだけではなく、屋久島観光協会 理事として世界自然遺産である屋久島町のプロモーション活動のため国内問わず精力的に活動している。

自由度の高い職場だからこそ、お客さま志向のサービスを実践できる

ホテル未経験からのスタート。サンカラの立ち上げにかかわる

――新卒で入社されたのですか。

いいえ、違います。1年間は別の会社で現場監督をしていました。自分で設計した図面に基づいて、職人さんに指示を出していました。現場ではいろいろな問題があり、ゼネコンさんからは、「ここの設備はどうなっているんだ、お前のチェックが悪い」とか「みなで喧嘩してばかりじゃないか。チームワークが悪いな」とかよく言われていました。大学時代は、平川商事が運営するパチンコ店でアルバイトをしていました。

――労働環境はそのころと比べるとだいぶ変わったのでは。

会社全体で変わりました。私がパチンコ店にいたころは、朝から晩まで働いて当たり前でしたから。労働基準が変わり、どんどん厳しくなっていく中、弊社も成長・改善していきました。

――アメニティはかなりエッヂが利いています。どうやって決めているんですか。

オープニングのときからです。私は、その当時はホテルの「ホ」の字も知らないころでした。パチンコ店の店長を経て、サンカラの立ち上げに入りました。そのときには、かなり商品にこだわってチョイスしないといけませんでした。例をあげると、客室の「サンカラ・オリジナルスキンケアセット」は、「安全であること」を第一に考え、着色料、鉱物油、合成香料、防腐剤、パラベン、エタノールを使用せずに、屋久島の恵みをたっぷりと贅沢に使用しています。

――職場の体制は今どうなっていますか。

私の部下は、セクション別のマネージャーです。施設管理やロビー、購買、スパ、予約、客室清掃、レストランサービス、リネンサービス、調理などの責任者がいます。

――配属はどうしていますか。

スパや調理は専門職です。それ以外は、さまざまなセクションを経験して適性を踏まえて配属しています。サンカラは早く人が育たないと経営的に苦しくなります。**いかに早く人材を育てるかが鍵。マニュアルを活用**

――人を早く育てるための仕組みとしては何がありますか。

サンカラリゾートでは、「サンカラオリジナルセブンイニシアチブ」という7つの仕組みを取り入れています。顧客志向の高い従業員を採用し、さらなるサービルレベルの向上を目指すため、「バトラー制の導入」、「スキルマップの可視化と共有」、「綿密な顧客情報の共有」などを推進しています。この仕組みにより、人材の育成のスピードが高まり、高度できめ細やかなサービスをお客さまに提供することが可能になるのです。

――日々の問題をどうやって解決しているのですか。

大体仕組みが出来上がっているので、部門長の判断のみでいけます。細かいことは言いません。お客さま本位であれば良いのです。やはり、一番最初にお客さまと接した人のフィーリングで、どういったサービスをどこまで提供すれば良いかが決まってきてしまいます。第三者的に外部からどうのこうの言っても意味がありません。大切なのは感覚です。自分が「こうしたい」と思うのであれば「そうしたら」というスタンスです。まずは、チームメンバーの感覚を大切にしています。

――それで、管理はできているのですか。

もちろんです。日頃ごろから価値観も共有できています。何を考えているかはつかんでいます。

――サンカラの価値観の上で個人が自由に判断しているということですか。

方向性を本人から聞いた上で指示を出すこともあります。そんなに大きなトラブルはないです。

――経営数字は公表しているのですか。

各部門長とは月次決算検討会を開いており、売り上げや利益を公表しています。

――給与体系はどうなっていますか。

これまでのベースは固定給でした。去年から全社で賞与制度に変更されています。

――70名が全員正社員ですか。

10名ほどアルバイトがいます。多いのは客室清掃です。英語に対応できるスタッフも何人かいます。新卒では語学力のある学生を採用しています。

――研修はどのような感じですか。

新卒入社後は、本社で10日間ほどの研修を通じて社会人としてのビジネスマナーなどを学びます。それが終わったら、それぞれの施設に入ります。海外出身のスタッフもいます。台湾で4名、中国で2名、フィリピンとインドネシア、フランスが1名ずついます。働きやすい環境づくりは今後の課題です。

――本社とどういうやりとりをしているのですか。

施設の全体の日報もありますが、電話で直接伝えることもあります。連休明けとか、お盆明けとかは特に大切です。去年と比べて落ち込んでいたら、何らか手を打つ必要があります。

現場を知り尽くしていることが総支配人としての強み

――総支配人は個人的に何が得意ですか。

予約や客室清掃も、もともと現場の立ち上げから一通りやっているので、ここのことは大体分かります。どこに問題があって、どこを注意しなくてはいけないかとか。マネジメント全体を見るのも好きですが、それだけをやっていてもおもしろくないです。セールスに行っていろいろな方々と出会って、いろいろな学びがあるのも好きです。両方です。

——直のお客さまも多いのではないですか。

直接予約はだいぶ増えてきましたが、まだまだ旅行会社経由も多いです。売り上げを高めて行く施策の中で、直接予約やＯＴＡなども含めた旅行会社経由での売り上げ構成比率をどのようにしていくのかは、私の大事な仕事です。直接予約比率を今以上に高めていけるようにさまざまな施策をメンバーから引き出しながら実行しています。

——予約システムは入れていますか。

ＴＡＰに変えました。以前は海外のシステムなどを使っていましたが、英語表記がメインのシステムでした。でもスタッフはほとんど日本人なので、システムの使い方を覚えるまでにハードルがありました。ＴＡＰは日本のシステムなので、スタッフの理解が圧倒的に速かったです。顧客管理もしやすくなりました。

情報共有を徹底。足りない情報は自ら取りに行く

――来館前の段階でお客さまとはどんなやりとりをしているのですか。

滞在中のスケジュールについてヒアリングした上で、こちらからアクティビティーをご提案しています。例えば、3泊4日であれば山に行くならここがあって、川にいくならここ、海にいくならここと、それぞれにアクティビティー会社があるので、ご希望に合わせてこちらで予約させてもらっています。

――情報共有はどうしていますか。

チャットアプリを活用しています。実は情報共有は一番課題でした。スタッフからの「情報が伝わりにくい、共有が少ない」という声もあり、チャットを導入しました。かなり便利です。情報はこちらから発信し「足りない情報は自分で取りに行く」というスタンスでやっています。共有が出来ていれば、あとは本人次第。「ちゃんと見るように」と言えます。Line だと個人の話が入り込んでしまいます。これだとエクセルもワードもパワーポイントも見ることが可能で、出先からでも仕事ができます。ゲストコメントや「ありがとう」というコメントも共有しています。

——ディナーの間に、ベッドメイキングされていました。驚きました。

お客さまの感動が大きいです。ディナー後、部屋に入った瞬間に照明が落とされていて、雰囲気のある音楽が流れていたり、バースデーであれば、タオルケーキアートをご用意したりします。それもスタッフがお客さまに喜んでもらいたいからこそいろいろな提案をしてくれます。私は、それを聞いて「ああしよう」「こうしよう」と判断しています。随時いろいろな提案が来ます。私自身も「いろいろ提案してほしい」とスタッフには伝えています。

——部屋に瓶の置物がありました。あれも手間が掛かっているのでは。

テラリウム（こけ玉）。あれは手作りです。購入希望のお客さまもいるので販売もしています。状況に応じてこけ玉づくりなどの体験教室も開催しています。

――お客さまの要望を聞いて、どこかに連れて行くとなるとシフトに穴が開くことがありませんか。

そこは、セクション長に判断を任せています。状況応じた臨機応変な判断を心掛けています。

インバウンドの拡大は大命題。屋久島町と連携しプロモート

――総支配人は今、どのくらい屋久島におられますか。

月の半分から三分の二くらいです。国内外に営業や商談に行ったりしています。私が現場にいなくても回る仕組みを作り上げています。屋久島から、現地の責任者が足を運ぶと商談もまとまりやすくなります。

――インバウンドのセールスは現地に行くことが多いのですか。

インバウンドの拡大は大命題です。現状は3割くらい、今後は5割を目指しています。日本の商談会もあれば海外の商談会もあるので、積極的に参加するようにしています。SLH の（スモールラグジュアリーホテル）に加盟し、横のつながりができるメリットは大きいです。

――サンカラの競合はありますか。

屋久島であれば唯一無二ですが、「どこかに行こうか」という場合の競合はたくさんあります。プレステージなホテルが次々とできてきていますから。屋久島は航空運賃は高額となります。海外のリゾート地と同じくらいの値段になってしまいます。その中で勝って行かないといけません。

――海外プロモーションや海外営業で工夫していることは何ですか。

海外に向けての告知費用は出来る限り抑えていますが、行政や自治体との連携を高めています。ＦＡＭトリップなどのホテル利用のお声掛けを頂いた際は、極力希望予算に合わせ、ご対応させて頂き、その代わり少しでもＰＲを拡大頂けるようにお願いすることもあります。

台湾へのセールスにも一緒に行っています。サンカラ単体でプロモーションするよりも屋久島町全体でプロモーションした方がメリットはあります。ですから、サンカラホテルとしても屋久島町を巻き込むように意識しています。屋久島のネームバリューは高く、ブランド力もあると感じていますし、海外のイベントでも屋久島のブースの前には大勢の人々が並んでいます。日本の大自然に触れるなら屋久島はお勧めです。先日も、世界遺産にかかわる商談会に屋久島町と一緒に参加させていただきました。

――屋久島にはどのくらいのホテルがあるのですか。

屋久島にはホテルは9施設、民宿、旅館は100施設あり、島全体合わせて3000室ぐらいになります。海外の大型リゾートホテル1軒の部屋数ぐらいしかないため、個々でバラバラに営業をするのではなく、屋久島町がひとつとなり島全体でセールスすることが大切だと考えています。

お客さまを知ることがサンカラのサービスの原点。高い満足度を得る——空港からピックアップしてくれて、車中でいろいろ屋久島のことを説明してくれるのはうれしいです。

それは絶対必要です。あの時間でお客さまの情報を得ることが大切と考えています。屋久島に何を求められ、何を希望されていて、何を好まれて、何に興味を持たれているのか。お客さまが空港にご到着されホテルに到着するまでの間に、たくさんの会話を通じて、滞在の目的などの情報を得るように努めています。一番ベストなのは、送迎したスタッフがお客さまの担当バトラーになることです。それができれば満足度も向上すると考えています。

――顧客のアンケートは取っていますか。

特にやっていません。

――一休でも評価がダントツに高いですよね。

ロケーションも素晴らしいと言っていただけますが、お食事にもご満足いただけています。実際、お客さまは「大変おいしかった」とおっしゃられて帰っていかれます。若いスタッフがお客さまのために一生懸命頑張っている姿もお客さまに評価いただけているポイントだと感じています。

――マニュアルの根底をお作りになられているのも総支配人なんですか。

私自身も含め、全員がお客さまに喜んでもらうにはどうしたら良いかを常に考えながらやっていたら、カルチャーがこうなりました。マニュアルは常に更新しています。それとマニュアルに書いてなくても、お客さまのためになるならと考えスタッフは行動してくれています。初めてバトラーとして担当させてもらったお客さまを空港まで車でお見送りし、時には屋久島のお土産を、みずからの判断で購入しプレゼントするということもありました。でも、そのようなことはマニュアルには書いてありません。あくまでも自分の気持ちで動いてくれています。

――総支配人としての今の悩みは何ですか。

スタッフの定着率などが課題です。屋久島に3年いると、一通りのことをある程度覚えてきます。そのときに、どうやって仕事のモチベーションや満足度を上げていくかです。そのためにも、グループ全体として次のステップとなる場所を用意してあげることが必要だと考えています。

レストランイノベーション部
統括総料理長 **武井智春氏**

大阪あべの辻調理師専門学校 フランス校卒業後 京橋シェイノで修行を始める。恵比寿タイユバン、ロブションを経て渡仏。パリのジョエル・ロブション、トロワグロを経て、3年の渡仏後にミクニ・マルノウチ料理長を7年勤める。その後2006年平川商事入社。アルカナイズ総料理長、サンカラ屋久島、ニューヨークキャッスルホテルなどの開業プロジェクトに従事。平川商事（株）ホテル＆レストラン事業部 レストランイノベーション部 統括総料理長として現在にいたる。

季節感あふれる屋久島の食材を生かし、お客さまをもてなす喜びを実感

現在、平川商事のホテル・レストラン部門で統括総料理長として活躍する武井。高校を卒業後、フランス料理を学ぶために調理師専門学校に進んだ。フランス料理に興味を持ったきっかけは、「料理天国」というテレビ番組。毎週夢中で視ていたという。武井が通った専門学校には、フランス校もあり、そこでも学ぶことができた。「実は、僕にはあこがれていた料理人が二人いました。『オテル・ドゥ・ミクニ』のオーナー・三國 清三氏と『シェ・イノ』のオーナー・井上氏という両巨匠です。フランス校に行く前にさまざまなつてを頼って、二人のお店で1週間ずつ働かせてもらえることになりました」

まずは、井上氏のお店から。1週間の予定だったが、気が付いたら1カ月が経過していた。ある日、「これからどうするんだ」と井上氏に聞かれ、「フランスに行っ

て学んできます」と答えたら、怒り出してしまい専門学校にものすごい剣幕でクレームを入れられた。そのときに、後押ししてくれたのが、お店のサービス担当者。「フランスに行ける機会があるのなら行った方が良い」と言ってくれたんです。

「それがうれしくて、フランスから戻ってきてからも井上さんのお店で働くことにしました」。シェ・イノに入社後、フランス菓子のアラペイザンヌで2年間勉強させてもらった。パリのジャン・ミエ系の菓子だ。

「この経験は、僕にとってとても貴重なものとなりました。その後、キッチンに入り、延べ6年くらい井上氏のお店にいました」

その後、恵比寿にタイユバン・ロブションができた際に、武井はその店に移った。日本のフレンチの最高峰と言われるようなレストランで働いてみたかったからだ。支配人に履歴書を送ったところ、井上氏と知り合いらしく、「井上さんが了解してくれるなら来ても良いよ」と言ってもらえた。「井上氏は渋々でしたが、ＯＫをしてくれました」。恵比寿で2年間ほど働いていたところ、フランス料理界の巨匠であるロブション氏が近く3ツ星シェフを引退するという話を聞いた。

「僕も30歳を控え、もう一度フランスに行きたいと思っていたところだったので、上司に掛けあい、ロブションさんのレストランで半年間働かせてもらうことになったんです。3ツ星シェフの引き際に立ち会えたのもすごく良い経験でした」その後ロアンヌのトロワグロに半年、ブルターニュの一つ星のレストランで1年半、築地のポトフで料理長として1年ほど働いた。

次の転機は、三國氏が丸の内にフレンチ・レストランを開くにあたり、開業準備にあたっていたメンバーが武井の知り合いであったことだ。折しも、料理長を探していた。「僕にとっても、三國氏はすごいあこがれの方です。『ぜひ、やらせてください』と申し出ました。三國氏と井上氏とは旧知の仲ということもあり、僕は一発ＯＫ。結局、ミクニ マルノウチの料理長を6年半くらいやらせてもらいました」

井上氏と武井との関係は師匠とシェフ。それに対して、三國氏と武井とは社長対料理長。「自由にやらせてもらった」と語る。ミクニ マルノウチは当初、テナントオーナーとは10年契約を締結。その後ビルを建て替える予定と聞いていた。ところが、周辺の開発がどんどん進み、6年半で建て替えることになってしまった。「そのときに、ミクニ マルノウチで最初に総支配人を務めていた方から、『伊豆のオーベルジュで働かないか』と誘われました。ミクニ マルノウチがなくなる、今後どうしようかと悩んでいたころだったので、行くことにしました。それが、うちの会社に入ったきっかけです。オーベルジュの運営受託として平川商事が入っていたのです」

そのオーベルジュは大変な人気店だった。レストラン予約サイト「一休」でも、始まって以来、多くのご予約をいただいた。東京からかなりのお客さまが来店していた。

「お店には16ｍのカウンターがありました。もちろん、僕にとっては初めての経験です。お客さまとどう接したら良いのかが分からず、いろいろなおすし屋に視察に行ったり、和食の料理人にも聞いたりしていました。お客さまと話しながらのフランス料理は難しかったのですが、いろいろ勉強させてもらいました。そこでは2年ほど働きました」

２００８年秋、平川商事社長の平川から「縁があって屋久島でホテルを運営することになった。皆で行くか」と言われ現地を訪れた。最後の夜プールサイドで飲みながら、「武井やってみるか」と持ちかけられ、その場で「やりましょう」と答えた。それから、サンカラの立ち上げがスタートした。

「立上げは順調に行きました。予想外であったのは、2年後に平川商事がニューヨークのホテルを取得し、自社で運営したこと。その立ち上げにも参画することになったんです。かなり苦労しましたね。特に人間関係では。ヨーロッパは師弟関係があるんですが、米国はフラットですからね」

現在、武井は平川商事のホテル・レストラン事業部の料理部門の統括として業務全般を見ている。2019年5月にハワイでオープンしたゴルフ場のレストランもスタッフ集めから厨房設計など開業準備を行なった。ベースは屋久島に置いているが、もはや常駐はできない。お客さまから、「今度屋久島にいつ入るのか」と聞かれるという。

サンカラには二人の料理長がいる。意見を求められたらアドバイスはするが、メニュー作りは完全に任せている。「三國さんもそうでした。現場にいる料理長が考えてやるべきです。レシピを渡したからといってできるものではありません」。

シェフとして手腕を発揮してきた武井も50代を迎え、若手の育成に取り組む立場となってきた。料理人を目指す若手にはこんなアドバイスをしているという。「やはり、技術職だということです。技術を一つずつ覚えること、お客さまに喜んでいただくこと。それが、料理人のやりがいだと思います。人材育成のポイントは、井上さんに一番教えられました。失敗した方が覚えるんだということを。お客さまや先輩から『これは違う』と言われたら、すべて失敗です。それで、覚えていけば良いんですよ。料理の幅が広がります」

武井は、若いころから器用貧乏だった。言われたことは、すぐにできていた。だが、そうなると先輩にはなかなか教えてもらえない。

「最初は仕事はできなくて良いんです。どこが良くなかったのかを、自分で考え修正していく。その方が長い目で見たら伸びます。最初からウサギのようにポンポンいくより、亀で良いんですよ」料理人としての感性を磨くために、いろいろなものを見るべきだということも若手には伝えている。「僕自身、フランスで就業したときには旅行へよく行きました。スペインやベルギーなど、それぞれの土地の空気を吸うのが新鮮でした。必ずスーパーや市場に行くんです。思わぬ発見がありました。でも米国に行ったら、一年中同じ食材があるのには驚いてしまいました。季節感がまったくなかったですね」

屋久島に来て、武井が料理人として一番うれしかったことも、東京以上に季節感を感じられることであった。「去年はこの時期あったのに、今年はないなあとか。

地元ならではのものを取りに行ってお客さまに出すのは喜びです。やはり、旅行に行ったら地元のものを食べたいじゃないですか」

サンカラの料理のコンセプトも、屋久島の食材を召し上がっていただくこととしている。もはや、料理技術の違いはないと言っても良い。和食も中華も洋食もクロスしている。食材へのこだわりで、お客さまに感動をもたらす必要があると考えている。

武井が平川商事に入社してから、もう10年以上が過ぎた。この期間ホテル・レストラン事業は急拡大を続けてきた。「事業領域がどんどん広がってきています。僕が入ったころは、ゴルフ場と健康ランドくらいでしたから。やりたいことができる会社であるのが、何よりもの魅力です。新規事業の提案も全社員から受けて、いろいろ模索しています。おもしろい会社だと思います」

働きやすさも平川商事の特徴であると指摘する。事実、福利厚生が充実している上に、労働環境の改善にも積極的だ。もちろん、有給休暇も取得を励行している。10年勤務した社員には、勤続年数に応じて旅行支援金10万円、15年勤務した社員には旅行支援金15万円が支給されるなど、至れり尽くせりの感がある。

そうした中で、武井は今後に向けてどんな将来像を思い描いているのであろうか。最後に聞いてみた。

「会社にいるうちは、自分が一生懸命やって功績を残したいという気持ちがあります。自分の店を持ちたいという思いは、32・33歳ころまではありました。仲間とも一緒にやろうと言いあっていました。ただ、ミクニ　マルノウチで非常に濃い経験をさせてもらえたんです。有名企業へのケータリングもしましたし、海外にも三國さんと一緒に行っていました。それで、あっという間に30代は過ぎていました。もう今年で53歳です」

武井は、毎年クリスマスとお正月は必ず屋久島で過ごすことにしている。お客さまのために年越しそばも自分で打つ。屋久島の悠久な時間に触れ、お客さまの喜ぶ顔を見ると、新たな年へのパワーをもらえるからだという。

チーフバトラー　青野さやか氏

２０１４年 sankara hotel and spa 屋久島にて2カ月のインターンシップを経験後、奈良健康ランドにて約半年間アルバイトスタッフとしてフロントで勤務。15年に平川商事リゾート事業部に入社。約2年半、sankara hotel and spa 屋久島にてバトラーとして勤務。17年9月より、約1年間レストラン研修のため、ラ・メゾンド・グラシアニ 神戸北野にて勤務。18年10月より、castle hotel and spa NY でJ1VISA 研修プログラムを利用し1年間勤務。19年10月より sankara hotel and spa 屋久島に戻り、再びバトラーとして勤務中。

貴重であったニューヨークでのホテル経験。今後はロビー担当のバトラーを目指したい

チーフ・バトラーを務める青野は、平川商事に入社後まずはサンカラで働いた。「留学経験があったので、いつか海外で働きたい」という思いも持っていた。4年後に、ニューヨークにあるキャッスル　スパ&ホテルに行かせてもらえるチャンスを与えられた。現地では主にハウスキーピングを担当した。

「施設が変革の時代だったので仕事はかなり大変でした。いろいろ難しいこともありましたが、自分でやって示していくしかなかったです。間に合う範囲で最大限を尽くすことを学べた良い経験でした」

ニューヨークでは見聞を広めるために、休日には町の散策にも出掛けたという。有名な美術館や話題のレストランをいろいろ見て回ったようだ。

「同僚のスタッフからも、『こんなお店ができたよ』といろいろ情報を聞かせてもらっていました」

ニューヨークから帰国後、青野はサンカラでチーフ・バトラーへと昇格した。帰国後改めて実感したのは、サンカラの緻密な仕事ぶりだ。米国ではハウスキーピングの業務一つを取ってもアバウトに見えたという。一人に任されているので業務にばらつきがあった。一方、サンカラでは二人か三人のチームで必ず行なっている。三人の場合は水回り、ベッドと水回りの間のふき掃除、ベッドとその周囲のふき掃除に分かれ、終わった人からほかの人を手伝っていくという流れだ。担当するのは平均で6部屋。多いと9部屋。チームでやるので心が折れない。一人一部屋だと苦労が多いからだ。しかも、最後は、経験豊富なインスペクターが仕上がりをチェックして回っている。客室での忘れ物ケアも怠らない。

「精算段階で、お部屋のチェックをします。何か忘れ物があればお届けするようにしています。間に合わなかったとしても、空港におられる間には大抵大丈夫です。たまには郵送というケースもありますが」

業務の精度が高いのは、スタッフが皆マニュアルをしっかりと読み込んでいるからかもしれない。実は、青野もマニュアルの作成に立ち合っている。

「当時私はハウスキーピングに入っていました。皆でいろいろ意見を言いあい、どれに絞るかを決めました。だから、マニュアルには思い入れがあります」

チーフ・バトラーの青野にとって、後輩の育成も一つの仕事だ。その一環として、ニューヨーク報告会を開催したこともある。

「私が、ニューヨークのキャッスル　ホテル&スパでどんな仕事をしてきたということをスタッフに報告する会でした。対象者は入社1年目、2年目。彼ら、彼女らは、どれくらいの部屋数があるのかも知りませんからね。私の体験談を聞いて、

『ニューヨークで働いてみたい』と思ってくれる人が一人でもいるとうれしいです。得られるものが多いと伝えました」

青野が最終的に目指しているキャリアは、どこにあるのか。本人に聞いてみた。

「バトラーをやりたいんです。そのためには、ハウスキーピングとFBも必須です。客室も見られて、レストランでもサービスができるバトラーになりたいんです。今はFBを学んでいるところです。以前は、肩書きにはあまり興味はありませんでした。現場にいたかったからです。ただ、『タイトルがつかない限りは、自分の言っていることは文句で終わってしまう。タイトルが付けばそれは意見になる』と上司に言われ、最近は受け入れるようにしています」

sankara hotel&spa 屋久島
セラピスト　**厚地　悠氏**

大学卒業後、都内ＰＲ代理店勤務を経て、２００９年6月大手エステサロンに入社。ボディ、フェイシャル全般の技術を習得。かねてより希望していたリゾートホテルへの転職を決意し、17年3月sankara hotel&spa 屋久島に就職。屋久島の豊かな自然を体感して得たエネルギーをお客さまに感じていただけるよう、日々全身で屋久島を楽しんでいる。

セラピストの仕事は私の天職。いつまでも現場で施術をしていきたい

セラピストの厚地は、2017年3月に平川商事に中途入社した。以前の勤務先は、横浜の痩身系エステサロン。もともと、リラクゼーションスパには興味があったものの、日々の仕事に追われていた。自分の中では「5年ほど修業して、リラクゼーションスパの仕事に就きたい」という考えでいたが、役職も付きますます忙しくなる中、時間ばかりが過ぎていった。結局、10年たったときに、「ここでやれることはやり切った」という思いと、「次を最後の転職として本当にやりたいことをやろう」という気持ちから転職に踏み切った。

「かなり疲弊していたんでしょうね。窓もないようなところで仕事をしていましたから。それに売上至上主義の会社だったこともあり、精神的なストレスも大変なものがありました。休みの日には奥多摩によく足を延ばしていましたね。自然

に癒やされたかったんでしょう」

そんなときに、転職先としてホテル探しをしていたところ、サンカラの存在を知る。「屋久島にこんなホテルがあるのか」と驚きであったという。個人的には屋久島に旅行で訪れた経験がある。何となく自然があることは覚えていた。リゾートホテルと言えば、屋久島よりも沖縄の方がイメージが強いかもしれないが、厚地は海よりも山派だった。それに、屋久島には海も川もある。

「ここなら自分が元気になれます。元気でないとお客さまにエネルギーを与えられませんし、本当の癒やしを提供できません。それに、環境保全とか世界遺産も自分では好きでしたから、ホテルの経営姿勢にも共感できました。ボランティア活動も楽しくやっていけそうということで、ここで働くことを決意しました」

厚地は毎日仕事が楽しくてたまらないという。今日も朝から海岸清掃に行ってきたと笑顔で語る。スパはサンカラホテル・オリジナルにアレンジされているという。例えば、屋久島ではトレッキングをする方が多いので足の施術に力を入れるとか、ストレッチを多めにするとか。そこにセラピストのエッセンスがさらに加味されていく。

「スパの施術は、スイートルームにあるイン スパのほか、2階のトリートメントルームで行ないます。結構広めなので、カップルでも施術を受けられます。オープン以来伝統のタイ古式の施術もできるようになっています」

施術の料金は、1セッション60分で2万円。90分で2.7万円。リゾートホテルではスタンダードな価格と言える。

宿泊プランの中に、独自の食事メニューを織り込んだホリスティックプランを用意しているのもサンカラの魅力だ。シェフとセラピストが相談し、お客さまの体質に合った食事をご提供している。滞在中のルームメイクもセラピストがお客さまの体質に合わせてハーブを置いたり、アロマの香りを用意するなど気配りが細やかだ。

「一応パッケージになっているプランもあれば、滞在中やりたいことを何でもセラピスト任せでいろいろ体験できるプランもあります。ハーブ園に行くとか散策するといったことも可能です」

スパの施術を受けるお客さまの数は、その日によって変わってくる。一人のときもあれば、予約が詰まっているときもあるという。

「スケジュールに余裕があるときは、チェックインされるお客さまにスパを勧めに行っています。といっても、営業っぽくならないように注意しています。お出迎えに行ける際は、ロビーでお客さまといろいろお話しをさせてもらいます。ほかにもできるときには、雑用やお部屋のご案内などもお手伝いしています。結構スパのスタッフの中には、バトラーの仕事をやりたい子もいるんですよ」

スパは宿泊者限定かと思っていたが、外来も迎え入れているのは驚きだった。屋久島在住者向けのプランを提供したり、ホテルの閑散期には外来予約を強化したりしているようだ。

「スパをもっとご利用いただけるようにすることが、一つの課題です。コンスタントに利益が確保できますからね。ほかの宿泊施設にチラシを配りにも行くこともあります」

現在、スパは正社員で5名、パートさん3名。合計で8名で運営している。セラピストの採用にあたっては入社時にスキルチェックが課される。それに合格しないと働けない仕組みになっている。

最後に、厚地に将来の夢を尋ねた。

「独立の気持ちはないです。セラピストの仕事は自分に合うと思っているので続けていきたいです。プレイヤーでいたいんです。現場で施術をしたいですから。施術が好きなんです」

sankara hotel&spa 屋久島
ランドスケープ　岡部　郁子氏

オープン当時はハウスキーピングとして勤務し、お部屋から見える植物も少しでもきれいにしたく、少しずつ植木の手入れを手伝う内に気が付いたらメインの仕事になりました。季節感にあふれ、ホテルにふさわしい庭を目指して日々試行錯誤しています。

手を入れ整備してこその景観。大きな盆栽づくりを楽しんでいるランドスケイプを担当する岡部は、サンカラのオープニングメンバーだ。最初はハウスクリーニングの仕事に就いたが、今は植栽のセクションで働いている。部署が変わったきっかけは、「オープンのころはあんなに素晴らしい花があったのに何も手を入れていないのはもったいないない」と感じたことであった。サンカラはヴィラタイプなので、ハウスクリーニングとなると、カートでの移動となる。そのときに、ふと気づいたという。

「植木や花の知識はまったくありませんでした。生まれ育ったのが山の中だったというだけです。当時は、ランドスケイプ専任のスタッフが一人いました。その方を手伝う格好で、草取りや枯れた花を摘むことからはじめました。そのうちにハウスクリーニングをやりながらの兼任となりました。お節介だったのか、そのスタッフが大変そうだったからなのか、もう忘れてしまいました」

サンカラのスイートルームにおいてあるテラリウム（こけ玉）を考えたのも岡

部だ。夜明かりがつくのが特長だった。当初からＬＥＤを用いていたが、電池の消耗がかなり激しかった。わずか3日しか持たなかった。

「『もっと寿命が長いＬＥＤがあるのでは』とスタッフに相談したら、探してくれたんです。総支配人の許可を得て、お部屋に置かせてもらえるようなものを作りました。あれは、太陽光でも充電できるんです。明かりの雰囲気も優しいですよね」

テラリウムが入っている瓶の中には、屋久島の川砂などが入っている。素材があれば作り込み自体にはあまり時間は掛からないと岡部は言う。

「エリアの中の樹木は計算されているのか」と岡部に聞いてみた。意外な答えが返ってきた。「このあたりは、もともとは杉山だったんです。その前は雑木林でした。私も仕事を続けているうちに、このあたりが杉山で、ここが雑木林だと段々と判断できるようになりました。杉山のイメージって、子どもが画く絵と同じで三角形の集合体だったりします。それをカタチにしてみようと思い、今年かなり間伐しました。その隣には雑木林が続きます。争いの中を生きてきているのでものすごい格好をしています。これをお部屋から見ていただくのもおもしろいのではと思い、小さい雑木を切りました。その間に岩もあったりするんです。岩とこけ、木のコントラストをいかに見ていただくか。お部屋から何気なく見えたら楽しんでいただけるのではと思いました」

岡部は難しい計算をしているわけではない。もともと山としてあったもの、花として、木として植えこんだものだ。だが、そこに何も手を入れないとどんどん雑木が生えていく。

「私からすれば、まるで大きな盆栽をさせていただいている感じです。思い通りに行かないことも多いのですがね」

ランドスケイプの担当になってから10年近くになるが、今でも見知らぬ植物と出会うことがあるという。むしろ、岡部はそれを楽しんでいるかのようだ。

「新しい植物を見る、調べる、分からないことを聞くの連続です。こういう花もあるのか、これはどうなるんだろう。これは何かに使えないか。お客さまに喜んでもらえないかと思いを巡らしています。実際に、何か提案できると楽しいです。だから、面白いアイデアがどんどん出てきます」

岡部が考えたテラリウムの人気は高い。お客さまからも作り方を教えてほしいというリクエストが多く、教室を開催している。植物の好きなお客さまだとどうしても話が盛り上がってしまう。通常は60分だが、90分くらいかかることも珍しくない。希望するカタチが段々と出来上がってくると参加者の笑顔は膨らむ。岡部はそれが楽しいと言う。サンカラ周辺には食材になる野花も多いし、栽培することもある。事実、デコレーションに使えるもの、何か一品添えたいときのもの、そういった食材も作っている。

「林シェフは野物が好きなんです。本当に自然を『いただく』というメニューをお客さまにご提供されています。『食べる』という感覚の食事ではないですね。林シェフの頭の構造は私には想像できません。林シェフが野物を探していると、どんなものを作るんだろうと皆楽しみにしています。実は、林シェフの奥様は私の同僚だったんです。『こんなものがあったら良いね』という食材が、その同僚から私へと引き継がれています」

第9章
平川商事㈱会社概要

9

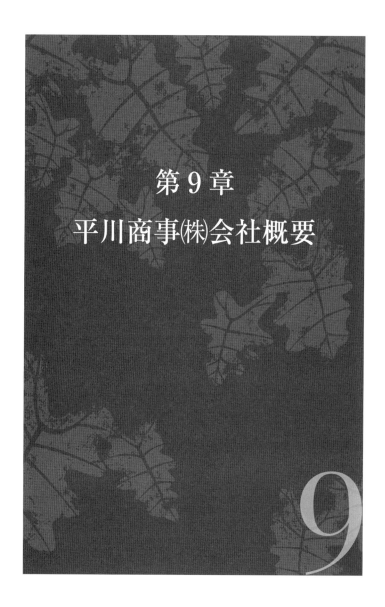

『会社概要』

商号：平川商事株式会社

創業　１９５７（昭和32年）６月

資本金３億　９６３０万円（グループ計）

総資産　８６５億　９６００万円（グループ計）

従業員数　２３８７名（グループ計）

代表者　代表取締役社長　平川　晴基

売上高　１０００億円（グループ計）

事業内容

・ホテル・レストラン事業・ゴルフ事業・アパレル事業・インテリア事業・パチ

ンコ事業・アミューズメント事業・不動産事業・和牛畜産事業・クリーンエネルギー事業・フィットネス事業

本社

〒581-0031 大阪府八尾市志紀町1-118

TEL:072-949-4261／FAX:072-949-8989

東京オフィス

〒153-0042 東京都目黒区青葉台1-4-10

TEL:03-5784-3021／FAX:03-5784-3022

なんばオフィス

〒542-0076 大阪府大阪市中央区難波1-8-16 namBa HIPS 11F

TEL:06-6213-4500／FAX:06-6211-8573

ホテル・レストラン事業部

ホテル・温浴事業

sankara hotel & spa 屋久島

https://www.sankarahotel-spa.com/

〒891-4402 鹿児島県熊毛郡屋久島町麦生字萩野上553

千年単位の時の流れを描き続ける大自然の一角に、ひっそりと広がるsankara hotel & spa 屋久島。天からの恵みを食・空間・バトラーサービスという形にして、優雅な時間をお届けします。

◇**敷地**：30455㎡

◇**所在地**：鹿児島県熊毛屋久島麦生字萩野上533番地

◇**客室**：全29室

・サンカラスイート1室（126㎡）
・ヴィラスイート1室（104㎡）
・サンカラジュニアスイート3室（71㎡）
・サンドラヴィラ24室（各面積53㎡）

◇スパ：「sankara sana」
・カウンセリングルーム
・トリートメントルーム　合計5室
＜スパ　スイート（ツイン）2室＞
＜スパ　スイート（シングル）1室＞
＜ツインルーム　2室＞

◇レストラン　『ayana』（1階レストラン）、『oaks』（2階レストラン）

プールサイド（ドリンク、軽食）

◇その他施設　プール、ライブラリーラウンジ、フィットネスルーム、ランドリー、会議室

◇チェックイン　15：00

◇チェックアウト　13：00

◇屋久島空港、安房港へは無料送迎有（詳細はお問い合わせ）

Castle HOTEL & SPA TARRYTOWN NEW YORK®

ハドソン川を一望に見下ろす高台に建つ中世様式の古城。古代ローマのアーチと厚い石壁が特徴の19世紀ノルマン様式の古城が1997年に優美な雰囲気を持つラグジュアリーホテルとして生まれ変わりました。

https://castlehotelandspa.com/
400 Benedict Avenue, Tarrytown, NY, USA, 10591

la Maison de

GRACIANI

KOBE KITANO

神戸・北野に根付く唯一無二のレストランを目指す店ゴ・エ・ミヨ３トックのフレンチレストラン「la Maison de GRACIANI KOBE KITANO」では、地元の食材や世界から厳選した一流食材を使い、欧州名店の星獲得にも貢献したシェフが実力と感性で作り上げるフランス料理をご堪能いただけます。

http://www.graciani-kobe.jp/

〒650-0002 兵庫県神戸市中央区北野町 4-8-1

Pâtisserie

Bec Sucré

ベック シュクレ

フランスの片田舎のお菓子屋さんのような誰もが寄り道したくなる、みんなの憩いの場所。本場で修業を積んだシェフ自慢のお菓子をそろえています。

http://www.becsucre.jp/
大阪府堺市南区原山台１丁 2-4

Bec Sucré

トラがおすすめ

Bec Sucré

最大200名収容できる関西最大級のダーツ＆スポーツバー。大阪メトロなんば駅15 − B出口直結のナンバヒップス5階にあります。結婚式2次会やトークショーなど各種イベントに最適で、大きなフロアながら一体感を味わえる特別な空間を提供します。サッカーなどスポーツ観戦時には関西最多級の集客力を誇っています。

大阪府大阪市中央区難波1-8-7
http://www.dijest.co.jp/

焼肉バル ENYA 炎家

独自のルートで仕入れる厳選したお肉のみを使用した絶品焼肉・ホルモンをベースにひと手間加えたこだわりの逸品の数々をご用意しています。テーブル席でワイワイ焼肉もあり、カウンター席でオシャレにお食事もあり。

大阪府大阪市中央区難波１-8-7
http://www.dijest.co.jp/

おわりに

書籍の執筆には多くの時間をかけました。インタビューから書籍制作にかけて多大なご協力をいただいた、平川商事（株）ホテル・レストラン事業部 部長の末次淳二氏、経営企画室マネージャーの山口健司氏のお二人には深く感謝申しあげます。また、sankara hotel&spa 屋久島の総支配人 内村友也氏や総料理長の武井智春氏をはじめとした各セクションのみなさまにはご多忙中お時間をさいていただき、大変ありがとうございました。

インタビュー箇所のタイトルは「sankara ENERGY」というキャッチコピーを付けました。ホテルは「人」がすべてです。売り上げの源泉がその施設の持つ「魅力」とするならば、その源泉のさらなる源は、ホテルで働く一人一人のエネルギーです。

sankara hotel & spa 屋久島のすばらしさは、「高度な仕組み」に支えられながらホテルというフィールドを縦横無尽に駆け巡る、全従業員の暖かいエネルギーが強く伝わってくることです。それを人は「顧客志向」という。

2020年3月1日（株）オータパブリケイションズ　林田研二

sankara
way

sankara《サンカラ》 way《ウェイ》

スモールラグジュアリーホテルの“かくれた秘密”

sankara hotel& spa 屋久島

2020年4月1日 第1刷発行

Author　林田研二
Book Designer　Flippers
Publications 株式会社オータパブリケイションズ
〒104-0061 東京都中央区銀座4-10-16 シグマ銀座ファーストビル3F
TEL 03-6226-2380
FAX 03-6226-2381
Web http://www.hoteresonline.com/
E-mail info@ohtapub.co.jp

Printing　富士美術印刷株式会社

ISBN 978-4-903721-82-8 C0034